KB216751

느헤미야 렉처 시리즈 01

신약성서의 여성
배제와 혐오의 대상인가?

조 석 민

이 책은 2017년 11월 10일 제1회 느헤미야 렉처 Nehemiah Lecture 에서 발표한
"신약성서의 여성관: 복음서와 바울서신을 중심으로"를 정리한 것입니다.

01 신약성서의 여성
배제와 혐오의 대상인가?

지은이	조석민
초판발행	2018년 4월 2일

펴낸이	배용하
책임편집	배용하
등록	제364-2008-000013호
펴낸 곳	도서출판 대장간
	www.daejanggan.org
등록한 곳	충남 논산시 매죽헌로 1176번길 8-54, 101호
대표전화	041-742-1424 전송 0303-0959-1424

분류	기독교	신약	여성
ISBN	978-89-7071-443-1 03230
	978-89-7071-442-4 세트
가격	10,000원

신약성서의 여성

배제와 혐오의 대상인가?

차 례

책을 내면서

　　이 책은 2017년 11월 10일 금요일 저녁 7시에 서울시 대방동 여성플라자에서 있었던 제1회 느헤미야 렉처 Nehemiah Lecture에서 발표된 '신약성서의 여성관: 복음서와 바울서신을 중심으로'에서 태동되었다. 이 특별한 연중 기획행사는 기독연구원 느헤미야의 연구위원들 가운데 한 사람을 선정하여 1년 동안 연구비를 제공하고 특별한 신학주제를 선정하여 연구 발표하게 하는 것이다. 필자는 이 연중행사의 첫 번 강연자로 2016년 11월에 선정되어서 강의하게 되었다. 당시 강의한 내용이 이 책의 기초가 되었지만 상당한 내용이 추후에 수정 보완되었다.

　　연구주제를 '신약성서의 여성'으로 선정한 이유는 현재 우리 사회의 여성 배제와 혐오 및 여성 비하의 실상이 사회 및 교회에서 빈번하게 발생하고 있기 때문이다. 여성 배제와 혐오라는 주제는 물론 어제 오늘의 일이 아니라 과거에서부터 오늘날까지 끊임없이 지속된 우리 사회와 교회 안의 어두운 그림자이다. 하지만 이제는 이 문제가 비등점을 넘어 한계 상황에 이르렀다고 판단된다. 여성이 차별당하는 우리 사회와 특히 교회 안에서 여성 배제와 혐오라는 과제를 적극적으로 해결하고 보다 나은 성 평등한 교회를 재구성하고 싶은 의도에서 기초적인 논의의 단초를 제공하여 공론화하려는 의도에서 이 주제를 선정하였다.

교회 안에서 여성 배제와 혐오 및 비하는 매우 자연스럽게 나타나지만 아무도 의식하지 못하고 당사자인 여성들 스스로도 문제를 의식하지 못하는 가운데 매우 심각한 수준에 이르게 되었다. 여성이 교회 안에서 성희롱과 성폭행을 당하고 성추행을 당하여도 그것을 드러내기는커녕 오히려 숨기려하고 자기의 잘못은 없었는지 자기 점검을 하게 되는 해괴한 일이 벌어지고 있다. 교회의 담임목사가 교인을 성추행, 성희롱, 성폭행해도 그것을 잘못된 것으로 인정하기는커녕 오히려 여성의 잘못으로 몰아가거나 윽박지르고 버젓이 목회를 계속하는 상황을 지켜보는 것은 너무 괴롭고 슬픈 현실이다. 이런 상황을 우리는 수없이 보아왔고, 그 단적인 예를 삼일교회 담임목사였던 전병욱의 자기 교인 성추행 사건을 통해서 구체적으로 확인하게 된다. 박종운 외 4인이 쓴 『전병욱 다시 읽기』 서울: 뉴스앤조이, 2012는 이 성추행 사건의 기록을 그대로 담아내고 있다.

　　이 책의 내용은 신약성서의 여성관을 복음서와 바울 서신을 중심으로 살펴보는 것이다. 먼저 여성 배제와 혐오의 현재 상황을 간략하게 서론적으로 언급한 후 먼저 복음서에서 저자와 복음서의 예수가 여성을 어떻게 대우하고 있는지 살펴보았다. 첫째, 각 복음서에서 특별한 여성관을 중심으로 1세기 당시 여성의 상황에서 예수가 여성을 바라보는 시각과 복음서 저자들이 여성을 묘사한 내용을 소개한다. 둘째, 바울 서신을 중심으로 바울이 여성을 바라보고 대하는 사상과 태도가 어떤 것이었는지 특정 본문들을 중심으로 석의하고 의미를 추적하였다. 특히 한국교회의 여성목사 안수 및 여성 사역자의 배제와 혐오라는 상황 속에서 이 주제와 관련하여 자주 언급되는 바울 서신의 특정 본문들을 주해하면서 살펴보았다. 마지막으로 성 평등한 한국교회의 미래를 기대하며 여성에 대한 태도와 관점의 변화에 대하여 몇 가지 제안을 하였다.

이 책이 출판되기까지 연구비와 연구기간을 제공한 기독연구원 느헤미야의 모든 가족들과 후원자들에게 감사드린다. 이 논문을 발표할 수 있도록 곁에서 함께 응원해준 연구위원들, 권연경, 김근주, 김동춘, 김형원, 배덕만 교수께 감사드린다. 또한 불철주야 느헤미야를 위하여 지칠 줄 모르고 달려가는 고상환 사무처장과 배한나, 송지훈, 강화춘 간사에게도 감사의 인사를 드린다. 이 책이 만들어지기까지 대장간 대표로 희생과 헌신을 아끼지 않은 배용하 목사께 감사의 마음을 전한다. 이 소책자가 한국 사회와 특히 교회 안에서 여성 배제와 혐오라는 막힌 담을 헐어버리고 성 평등한 교회를 새롭게 재구성하는데 사용되기를 기대한다.

2018년 1월
기독연구원느헤미야의 미래를 기대하며 고양동에서
조석민

들어가는 말

　　최근 한국사회에서 벌어진 여러 사건들 가운데 특히 여성혐오 및 여성비하와 관련된 일이 매우 심각한 수준에 이르렀다는데 많은 사람들이 공감하고 있다. 이와 같은 사회적 인식과 공감대가 형성된 것은 여러 사건들을 한 사례로 말할 수 있겠지만, 직접적으로 2016년 5월 17일 강남역 근처에서 벌어진 한 여성 살인사건에서 본격적으로 시작되었다고 할 수 있다. 이 사건을 필두로 우리 사회도 어느덧 '강간문화'와 투쟁을 시작한 것이라고 할 수 있다. 리베카 솔닛^{Rebecca Solnit}은 『남자들은 자꾸 나를 가르치려 든다』에서 '강간문화'를 다음과 같이 정의한다.

　　"강간이 만연한 환경, 미디어와 대중문화가 여성에 대한 성폭력을 규범화하고 용인하는 환경을 말한다. 강간문화는 여성혐오 언어의 사용, 여성의 몸을 대상화하는 시선, 성폭력을 미화하는 태도를 통해서 지속되며, 그럼으로써 여성의 권리와 안전을 경시하는 사회를 낳는다. 강간문화는 모든 여성에게 영향을 미친다."[1]

이런 사회 현상과 문화 속에서 한국교회[2] 안에서도 일반사회와 별다른 차이 없이 성차별과 관련된 일과 여성을 도구화 또는 수단화하여 발생하는 성희롱 및 성폭력이 빈번하게 발생하고 있다. 이런 사실은 누구나 알고 있는 한국개신교의 숨겨진 진실이지만 문제가 사건이 되어 수면 위로 떠오를 때만 비로소 사람들이 인식하게 된다.[3]

기독교여성상담소의 1998년 7월부터 2005년 10월까지 상담통계에 따르면 목회자가 연관된 성폭력은 108건으로 강간 61건, 성추행 38건, 성희롱을 포함한 기타 사건이 7건이며, 상담건수는 매해 증가하는 추세이다. 하지만 피해자가 가해자를 고소한 경우는 9건에 불과하다. 더욱 심각한 문제는 피해자가 목회자를 사회법에 고소했을 때, 목회자가 피해자를 명예훼손으로 고소한 경우가 3건이나 된다는 사실이다. 이런 통계 자료는

---

1) 리베카 솔닛(Rebecca Solnit), 김명남 역, 『남자들은 자꾸 나를 가르치려 든다』 (파주: 창비, 2015), 191.

2) 이 글에서 '한국교회' 또는 '교회'는 한국 가톨릭교회를 제외한 한국개신교회를 의미하며, 어느 특정 교단을 고려하지 않은 채 일반명사로 사용한 것이다.

3) 최근 개신교 안에서 발생한 성문제와 관련하여 박종운 외 4인, 『전병욱 다시읽기』 (서울: 뉴스앤조이, 2012)를 참조하라.

2005년까지의 자료인데 그 후 성희롱, 성폭력 상담 건수가 매년 계속 증가하는 추세임을 알 수 있다.[4]

한국교회 안에서 여성은 거의 대부분 차별의 대상이었고, 종교권력과 남성중심의 가부장적인 한국 전통문화 속에서 지금까지 혐오와 비하의 대상으로 길들여졌다. 이런 문화 속에서 학습된 여성은 교회 안에서 성차별을 문제로 인식하지 못하고 있다.[5] 이런 점에서 한국개신교를 이해하는 수단과 방법의 하나로 교회 안의 성차별 문제를 분석 비평하고 실천하는 것은 교회의 개혁과제이며 건강한 미래교회를 위하여 현재 우리에게 주어진 당면과제임이 분명하다. 하지만 현재 교회개혁을 위한 여러 단체들이 있지만 이 문제를 깊이 취급하고 있는 것은 아주 미약한 수준에 머물고 있다. 교회안의 여성들을 교육시키고 의식의 변화를 가져오도록 인도하여 교회 안의 성차별 문제가 매우 시급하고 중요한 사안임을 각인시킬 필요가 있다.

교회 안의 성차별 문제란 단순히 여성과 남성의 젠더[gender] 문제 정도가 아니다. 여성학 및 평화학 연구자인 정희진은 『페미니즘의 도전』에서 젠더를 다음과 같이 정의한다.

---

4) 기독교여성상담소의 홈페이지 http://www.8275.org를 참조하라.
5) 양혜원, 『교회 언니, 여성을 말하다』(서울: 포이에마, 2012), 67-72, 155-63을 보라.

"젠더는 한 사회의 구조, 시스템, 규범, 법, 정책, 제도, 이데올로기, 문화, 물적 토대이다. … 젠더는 계급class처럼 사회와 인간을 형성하는 가장 강력한 재료중 하나며, 사회 문제를 재구성하고 재창조하는 가장 힘 있는 조물주다."6

그는 젠더가 일종의 관점이며 세계관이라고 주장한다. 매우 설득력이 있는 주장이다. 이런 점에서 한국교회 안의 성차별 문제는 교회의 구조와 시스템, 규범, 법과 정책, 등을 다루어야 한다. 하지만 교회 안의 젠더 문제를 깊이 다루기에는 범위가 너무 넓고 전문영역이 있어서 논의의 한계를 신약성서의 복음서와 바울서신으로 제한한다. 그래서 교회 안의 여성에 대한 관점과 교회의 제도와 관련하여 신약성서 본문을 선별적으로 선택하여 이 문제를 살펴보려는 것이다. 이런 점에서 이 글은 한국개신교를 올바로 인식하기 위한 수단으로 교회 안에서 벌어지고 있는 젠더문제를 이해하려는 것이지만, 그 출발점을 신약성서의 여성관련 본문으로 제한하여 시작한다.

현재 한국교회 안에서 벌어지고 있는 여성 비하 또는 차별의 근본 원인은 생각보다 그 뿌리가 너무 깊다. 교회 안에서 균

---

6) 정희진, 『페미니즘의 도전: 한국 사회 일상의 성정치학』 (서울: 교양인, 개정증보판, 2013), 12.

형을 잃어버린 여성관은 한국의 가부장적인 남성중심의 문화와 역사 속에 그 뿌리가 깊이 박혀있기 때문이다. 물론 이 땅에 한국개신교가 뿌리를 내리고 교회 역사의 초기에 한국사회와 문화 속에서 길들여진 여성에 대한 그릇된 인식에 도전을 준 것은 어느 정도 사실이다. 그래서 지금까지 이름 없이 살아온 여성들의 이름이 교회 안에서 불려지게 되었고, 여성의 참여가 다양한 분야에서 늘어난 것은 사실이며 의미가 크다. 하지만 현재까지 그 변화는 너무나 미흡하다. 양혜원은 『교회 언니, 여성을 말하다』에서 교회 안의 성차별과 관련하여 다음과 같이 자신의 심정을 간략하게 그러나 의미심장하게 묘사하고 있다.

"여자로 사는 것도 힘든데 기독교 여성들이 이중의 질곡 속에 사는 모습은 참 안타깝다. 교회 내에서 여성의 지위가 일반사회의 속도를 아직 따라가지 못하는 탓이다. 한때 여성 해방에 앞장섰던 교회가 이제는 두더지 게임 하듯, 자신의 이름으로 살고 싶다고 고개를 드는 여자들의 머리를 망치로 내려치기에 바쁜 것 같다."7

　　이런 상황 속에서 우리는 먼저 신약성서가 여성에 대하여

---

7) 양혜원, 『교회 언니, 여성을 말하다』, 13.

무엇을 가르치는지 살펴보려는 것이다. 첫째, 복음서에서 가르치는 여성에 대하여 각 복음서의 본문을 선별하여 살펴볼 것이다. 복음서를 기록할 당시 여성들의 열악한 인권과 처우 및 사회문화적인 관습과 환경 속에서 복음서 기자들과 예수가 여성에 대하여 어떤 사상을 갖고 있었는지, 어떤 관점과 태도 속에서 여성을 다루고 있는지 확인해 볼 것이다. 먼저 복음서 전체 속에서 공통적으로 나타나는 여성에 대한 관점과 사상을 다룬 후에 각 복음서마다 저자가 독특하게 다루고 있는 여성 문제를 논의할 것이다.

둘째, 바울서신에서 가르치는 여성관에 대하여 바울서신의 관련 본문들을 확인해 볼 것이다.[8] 바울은 1세기 당시의 상황에서 여성을 어떻게 이해하고 있으며, 당시 신자들에게 무엇을 가르쳤는지 살펴볼 것이다. 바울 서신의 본문 속에서 한국교회의 여성 안수 문제를 함께 논의할 것이다. 그 이유는 한국개신교의 몇 교단들이 현재까지 여성 안수 문제를 바울 서신의 본문들

---

8) 신약성서에서 바울서신에 대한 저작권과 관련하여 논란이 없는 그의 일곱 서신(로마서, 고린도전서, 고린도후서, 갈라디아서, 빌립보서, 데살로니가전서, 빌레몬서)과 함께 논란이 있는 여섯 서신(에베소서, 골로새서, 데살로니가후서, 디모데전서, 디모데후서, 디도서)을 모두 바울의 작품으로 간주하고 논의를 시작할 것이다. 이와 관련된 자세한 논의는 거쓰리(D. Guthrie), 김병국, 정광욱 역, 『신약서론』(고양: 크리스챤다이제스트, 1996), 361-67, 604-642; 마샬(I.H. Marshall), 외 2인, 박대영 역, 『서신서와 요한계시록』(서울: 성서유니온선교회, 2007), 72-75, 371-75를 참조하라

과 연관시켜서 여성 안수를 거부하기 때문이다. 한국교회 안에서 여성 안수를 시행하지 않는 근거로 제시되는 신약성서 구절들은 여러 가지 측면에서 다양하게 제시되고 있지만 그 가운데 바울 서신의 몇 부분을 논의의 대상으로 삼을 것이다.

셋째, 마지막으로 신약성서의 여성관이 한국개신교에 주는 함의를 고려하면서 한국교회의 미래를 위하여 몇 가지 실천적인 제안을 할 것이다. 이런 제안들이 한국교회 안에서 얼마나 실행에 옮겨질지 있을지 알 수 없으나 그래도 마지막 한 가닥 남은 소망의 줄로 생각하며 손에 잡은 줄을 놓지 않으려는 마음으로 제안하는 것이다. 이 글이 신약성서의 복음서와 바울 서신의 몇 부분을 살펴보고 여성 문제를 논의한다는 점에서 제한적인 성격을 벗어날 수 없지만 현재 우리가 당면한 한국교회 안의 여성 문제에 대하여 논의의 단초를 제공할 것으로 기대한다.

1장 · 복음서의 여성관

　복음서의 저자들은 당시 문화와 사회의 관점에서 여성들에 관하여 어떤 태도와 입장을 갖고 있었는가? 복음서가 기록될 당시 여성의 사회적 지위는 일반적으로 열악하여 사람으로 적절한 인격적 대우를 받지 못하며 살고 있었던 것이 분명하다.[9] 이런 여성의 차별은 물론 어제 오늘의 일이 아니라, 고대로부터 내려온 인간의 그릇된 문화유산이다. 고대의 여성 차별에 대한 사례는 구약성서에서 쉽게 찾아 볼 수 있다.

　킹과 스태거는 『고대 이스라엘 문화』에서 "성경은 여인의 역할에 대해서는 어떤 관심도 없는 남자들에 의해 써지고 채워진 책이다."[10]라고 구약성서를 평가한다. 유연희는 구약성서 가운데 "오경은 가부장적이고 위계적인 문화를 반영한다. 남성이 여성보다 더 빈번하게 등장하고, 공적인 영역에서 남성들이

---

9) 에크하르트 슈테게만, 볼프강 슈테게만(W. Stegemann and E.W. Stegemann), 손성현, 김판임 역, 『초기 그리스도교의 사회사: 고대 지중해 세계의 유대교와 그리스도교』, (서울: 동연, 2009), 569-93을 참조하라.
10) 킹(P.J. King), 스태거(L.E. Stager), 임미영 역, 나이트(D.A. Knight) 편집, 『고대 이스라엘 문화』(서울: 기독교문서선교회, 2014), 93.

더 지도력의 위치를 점하고 있고, 남성 위주로 내러티브를 전개한다."[11]라고 기술한다. 이런 평가에 대하여 이론의 여지가 없는 것은 아니지만 대체로 공감할 수 있는 수준의 평가이다.

고대 여성차별의 문화와 관습이 구약성서 시대를 지나 신약성서 시대에 이르게 되면 어느 정도 변화를 가져왔는지 확인해 볼 필요가 있다. 놀라운 것은 구약성서 시대의 성차별에 대한 사상이 그다지 많이 달라지지 않았다는 사실이다. 예를 들면, 신약성서 시대 당시 여전히 여성과 아이 및 노예는 사람의 숫자에 포함되지도 않았다. 사람의 숫자에 포함되어 계산되는 것은 오직 자유인인 성인 남성들뿐이었다.[12] 또한 예수 당시 결혼한 여성은 어떤 경우라도 이혼을 전혀 생각할 수 없었다. 하지만 남성은 언제든지 사소한 이유로도 이혼할 수 있었다. 킹과 스태거는『고대 이스라엘 문화』에서 "신명기 24:1-4은 아내가 아닌 남편만이 이혼할 권리가 있었고 어느 때든지 어느 이유에서든지 그녀를 부양할 의무는 지니지 않았다." 라고 기술한다.[13] 당시 여성의 인권은 전혀 고려되지 않았고 그런 상황 속에서 남성은 언제든지 아내에게 이혼을 요구할 수 있었다.

---

11) 유연희, 『이브에서 에스더까지: 성서 속 그녀들』 (서울: 삼인, 2014), 8-9.
12) 벨(A.A. Bell, Jr.), 오광만 역, 『신약 시대의 사회와 문화』, (서울: 생명의 말씀사, 2014), 346-51; E.W. Stegemann & W. Stegemann, 『초기 그리스도교의 사회사』, 121-23, 569-610을 참조하라.
13) King and Stager, 『고대 이스라엘 문화』, 103.

1. 예수 부활의 증인들

  복음서의 저자들은 유대 문화 속에서 여성을 어떻게 묘사하고 있는지 확인할 필요가 있다. 일반적으로 예수 당시의 여성은 어떤 사건과 관련하여 법정에서 증인의 자격으로 설 수 없었다. 복음서가 기록될 당시의 사회 관습이 여성의 법정 증인 역할을 부여하지 않았기 때문이다.[14] 하지만 사복음서의 저자들은 예수의 수난 사화 및 부활을 묘사하면서 여성들을 예수 부활의 첫 증인으로 소개한다. 이런 모습은 마태복음 뿐 아니라 마가복음과 누가복음, 그리고 요한복음의 저자도 동일한 입장을 갖고 있다. 당시 여성의 증인 역할을 인정하지 않았던 유대 사회 문화의 관습을 고려하면 예수 부활의 첫 증인으로 여성을 소개하고 있는 것은 매우 이례적인 일이다.

  마태복음 저자는 안식 후 첫날이 되려는 새벽에 막달라 마리아와 다른 마리아가 예수의 무덤에 달려가서 부활하신 예수를 만난 일을 기록하면서 "그 여자들이 무서움과 큰 기쁨으로 빨리 무덤을 떠나 제자들에게 알리려고 달음질할 새"마 28:8라고 묘사한다. 부활하신 예수를 목격한 증인으로 여성이 등장할 때,

---

14) 예레미아스(J. Jeremias), 번역실 역, 『예수 시대의 예루살렘』 (서울: 한국신학연구소, 1992), 468을 보라.

마태복음은 마리아와 다른 마리아라는 두 여성을 등장시키지만, 마가복음은 보다 구체적으로 막달라 마리아와 야고보의 어머니 마리아와 살로메까지 세 여성을 소개한다. 하지만 이 여성들은 예수 부활의 현장인 예수의 시신이 놓였던 자리가 비어있는 것을 목격하고 두려워 떨며 도망하고 아무에게 아무 말도 못하였다. 참조. 막 16:1-8 이 여성들이 예수 부활의 정황을 설명하였을지라도 당시 사람들은 그들의 말을 듣지 않았을 것이다.

"1안식일이 지나매 막달라 마리아와 야고보의 어머니 마리아와 또 살로메가 가서 예수께 바르기 위하여 향품을 사다 두었다가 2안식 후 첫날 매우 일찍이 해 돋을 때에 그 무덤으로 가며 3서로 말하되 누가 우리를 위하여 무덤 문에서 돌을 굴려 주리요 하더니 4눈을 들어본즉 벌써 돌이 굴려져 있는데 그 돌이 심히 크더라 5무덤에 들어가서 흰 옷을 입은 한 청년이 우편에 앉은 것을 보고 놀라매 6청년이 이르되 놀라지 말라 너희가 십자가에 못 박히신 나사렛 예수를 찾는구나 그가 살아나셨고 여기 계시지 아니하니라 보라 그를 두었던 곳이니라 7가서 그의 제자들과 베드로에게 이르기를 예수께서 너희보다 먼저 갈릴리로 가시나니 전에 너희에게 말씀하신 대로 너희가 거기서 뵈오리라 하라 하는지라 8여자들이 몹시 놀라 떨며 나와 무덤에서

도망하고 무서워하여 아무에게 아무 말도 하지 못하더라."^막
16:1-8

누가복음의 경우는 마태복음과 마가복음과 전혀 다르게
많은 여성들을 예수 부활의 증인으로 소개한다.^{참조. 눅 24:1-12; 막}
16:1-8

"¹안식 후 첫날 새벽에 이 여자들이 그 준비한 향품을 가지고
무덤에 가서 ²돌이 무덤에서 굴려 옮겨진 것을 보고 ³들어가니
주 예수의 시체가 보이지 아니하더라 ⁴이로 인하여 근심할 때
에 문득 찬란한 옷을 입은 두 사람이 곁에 섰는지라 ⁵여자들이
두려워 얼굴을 땅에 대니 두 사람이 이르되 어찌하여 살아 있
는 자를 죽은 자 가운데서 찾느냐 ⁶여기 계시지 않고 살아나셨
느니라 갈릴리에 계실 때에 너희에게 어떻게 말씀하셨는지를
기억하라 ⁷이르시기를 인자가 죄인의 손에 넘겨져 십자가에
못 박히고 제삼일에 다시 살아나야 하리라 하셨느니라 한 대 ⁸
그들이 예수의 말씀을 기억하고 ⁹무덤에서 돌아가 이 모든 것
을 열한 사도와 다른 모든 이에게 알리니 ¹⁰ 이 여자들은 막달
라 마리아와 요안나와 야고보의 모친 마리아라 또 그들과 함께
한 다른 여자들도 이것을 사도들에게 알리니라."^{눅 24:1-10}

누가복음 저자는 예수 부활의 장면에서 제자들에게 부활의 소식을 알린 많은 여성들의 존재를 제시한다.^{참조. 눅 24:10} 이것은 누가복음의 저자가 여성들을 예수 부활의 증인으로 소개하고 있다. 물론 당시 남성들은 여성의 증언을 믿으려 하지 않았다.^{참조. 눅 24:11-12[15]} 누가복음은 많은 여성들을 등장시켜서 당시 여성에 대한 편견을 타파하려는 것처럼 보인다.

요한복음은 부활의 목격자로 막달라 마리아를 가장 먼저 부각시키지만 여러 여성들이 그녀와 함께 있었다는 암시를 요한복음 20장 2절, "사람들이 주님을 무덤에서 가져다가 어디 두었는지 우리가 알지 못하겠다."에서 헬라어 동사 '오이다멘' ^{οἴδα μεν, '우리가 안다'} 을 사용하여 묘사한다.^{참조. 요 20:1-18} 요한복음은 예수 부활의 첫째 증인으로 여성인 막달라 마리아를 제일 먼저 소개하고 있다. 또한 막달라 마리아를 통해서 부활하신 예수의 메시지가 제자들에게 전달되고 있다. 부활하신 예수께서 막달라 마리아에게 나타나셔서 "예수께서 이르시되 나를 붙들지 말라 내가 아직 아버지께로 올라가지 아니하였노라 너는 내 형제들에게 가서 이르되 내가 내 아버지 곧 너희 아버지, 내 하나님 곧 너

---

15) 누가복음 24:11-12, "사도들은 그들의 말이 허탄한 듯이 들려 믿지 아니하나 베드로는 일어나 무덤에 달려가서 구부려 들여다 보니 세마포만 보이는지라 그 된 일을 놀랍게 여기며 집으로 돌아가니라"에서 저자는 여자들의 말을 믿지 않는 제자들을 언급하면서 간접적으로 여자들의 말이 신빙성이 없음을 암시한다. 이런 묘사는 여성에 대한 당시의 전통적인 시각을 보여주는 것이다.

희 하나님께로 올라간다 하라 하시니 막달라 마리아가 가서 제자들에게 내가 주를 보았다 하고 또 주께서 자기에게 이렇게 말씀하셨다 이르니라." 라고 저자는 기술하고 있다.요 20:17-18

요약하면, 모든 복음서 기자는 여성을 예수 부활의 증인으로 소개한다. 여성의 증언을 신뢰할 수 없다고 믿고 있는 당시 남성중심의 가부장적인 유대 사회와 문화 속에서 살아가는 사람들에게, 특히 당시 남성들에게, 복음서 기자들이 여성을 예수 부활의 증인으로 소개한 것은 매우 충격적인 일이었을 것이 분명하다.

2. 마태복음의 여성관

마태복음의 여성관을 고려할 때 예수의 족보에 등장하는 여성들^{마 1:1-16}, 예수의 어머니 마리아^{마 1:18-25; 2:1-12, 13-15, 19-23; 12:46-50; 13:53-58}와 예수 부활의 현장에 등장하는 여성들의 묘사^{마 27:62-28:15}, 빌라도의 아내가 예수를 재판하고 있었을 때 ^{마 27:19}, "총독이 재판석에 앉았을 때에 그의 아내가 사람을 보내어 이르되 저 옳은 사람에게 아무 상관도 하지 마옵소서 오늘 꿈에 내가 그 사람으로 인하여 애를 많이 태웠나이다 하더라."가 관련 본문에 속한다. 그 외에 마태복음 13장 33절, "또 비유로 말씀하시되 천국은 마치 여자가 가루 서 말 속에 갖다 넣어 전부 부풀게 한 누룩과 같으니라."와 두 아들의 비유^{마 21:28-32}, 열 처녀의 비유^{마 25:1-13}에 등장하는 여성이 있다. 마태복음에서 여성에 대하여 언급하는 두 가지 특이한 점은 첫째, 여성의 이름이 족보에 삽입된 것이며, 둘째, 여성이 현실 정치에 간접적으로 관여한 일을 묘사한 것이다.

1) 예수 족보에 등장하는 다섯 여성(마1:3, 5, 6, 16)

"유다는 다말에게서 베레스와 세라를 낳고 베레스는 헤스론을 낳고 헤스론은 람을 낳고 … 살몬은 라합에게서 보아스를 낳고

보아스는 룻에게서 오벳을 낳고 오벳은 이새를 낳고 이새는 다
윗 왕을 낳으니라. … 다윗은 우리야의 아내에게서 솔로몬을
낳고 … 야곱은 마리아의 남편 요셉을 낳았으니 마리아에게서
그리스도라 칭하는 예수가 나시니라." 마1:3, 5, 6, 16

　　당시 유대 문화 속에서 여성들은 비록 자신이 가족에 속해
있지만 가족의 족보에 이름이 기록될 수도 없었다. 물론 역대기
상 3:1-10에서와 같이 예외적으로 여인의 이름이 족보에 나오
기도 한다. 하지만 이런 경우는 다윗의 다섯 아들을 각각 설명하
기 위하여 그 아들을 낳은 어머니를 소개하면서 언급된 경우이
지 일반적인 경우는 아니다. 이와 같은 몇 가지 예외가 있지만
일반적으로 구약성서의 족보에 여성의 이름은 등장하지 않는
다. 참조. 룻4:18-22; 대상2:5-15; 3:10-19 16
　　유대인의 족보는 여자를 포함시키지 않는 것이 당시 유대
의 사회 문화적인 배경에서 하나의 관례이기 때문에 누가복음
의 족보에는 이 규칙을 따라 여자 이름이 전혀 등장하지 않는
다. 참조. 눅3:23-38 이런 관점에서 마태복음 1장 3, 5, 6절에 기록된
예수의 족보 속에 여성의 이름이 포함되어 있다는 것은 매우 이

---

16) D.S. Huffman, 'Genealogy', in J.B. Green, et al. (eds), *Dictionary of Jesus and the Gospel*, (Downers Grove : InterVarsity Press, 1992), 253-59를 참조하라.

례적인 일이다. 유대의 족보 문화에서 특히 1세기 당시에 여인의 이름을 족보에 넣는 것은 기이한 현상이다.

마태복음에 기록된 예수의 족보에는 다섯 명의 여성 이름이 등장한다. 그 여성들의 이름은 다말[3절], 라합[5절], 룻[5절], 우리아의 아내[6절], 그리고 마리아[16절]이다. 마태복음 저자는 왜 이 여성들의 이름을 예수의 족보에 기록하고 있는 것인가? 마태복음 저자가 여성에 대하여 갖고 있는 사상은 무엇인가? 마태복음의 예수 족보에 등장하는 다섯 여성은 모두 죄인으로 취급될 수 있는 인물들이다.[17]

첫째, 다말은 창세기 38장 6-26절에 의하면 시아버지 유다와 간음한 자이다. 다말은 불행하게도 결혼한 남편이 죽어서 그 동생과 결혼하여 형의 후손을 남기려고 했지만 그 동생 오난이 그 일을 거부했다. 다말은 정당한 권리를 행사하려고 했지만 시아버지인 유다는 당시 전통에 따라 동생을 결혼 시키지 않았다. 유다는 그 아들도 죽을까 염려되어 결혼시키지 않고, 다말을 친정으로 돌려보냈다. 오랫동안 유다의 승낙을 기다렸지만 소식이 없자 결국 다말은 창녀로 분장하고 유다와 동침하여 임신한다. 유다는 며느리인 다말이 베일로 얼굴을 가리고 있어서

---

17) 데이비드 터너(D.L. Turner), 배용덕 역, 『마태복음』(BECNT; 서울: 부흥과개혁사, 2014), 90을 보라.

창녀라고 생각했다. 참조. 창38:14-15 다말은 정당한 권리를 요구한 것이지만 유다는 그것을 거부하였고, 결국 유다는 다말의 꾀에 넘어가 며느리를 임신시킨 것이다. 레위기 20장 12절은 "시아버지가 며느리와 동침하면 둘 다 반드시 사형에 처해야 한다. 그들이 한 짓은 망측한 짓이다."라고 규정하고 있다.

둘째, 라합은 여호수아 2장 1-16절에서 창녀로 소개된다. 라합 이야기를 소개하면서 여호수아 1장 1절, "눈의 아들 여호수아가 싯딤에서 두 사람을 정탐꾼으로 보내며 이르되 가서 그 땅과 여리고를 엿보라 하매 그들이 가서 라합이라 하는 기생의 집에 들어가 거기서 유숙하더니"에서 개역개정은 '라합이라고 하는 기생의 집'이란 단어를 사용한다.[18] 라합은 이스라엘의 정탐꾼들을 받아들여 자신과 그녀에게 속한 가문을 모두 구원의 길로 이끌었다.

셋째, 룻은 보아스를 유혹하여 동침한 사람이다. 룻3:1-18 룻이 보아스를 유혹한 것은 룻기 3장 3-4절, "그런즉 너는 목욕하고 기름을 바르고 의복을 입고 타작 마당에 내려가서 그 사람이 먹고 마시기를 다 하기까지는 그에게 보이지 말고 그가 누울 때에 너는 그가 눕는 곳을 알았다가 들어가서 그의 발치 이불을 들

---

18) 이 표현을 영어 성경은 라합의 이름과 함께 그녀의 집을 '창녀의 집'으로 'the house of a prostitute' (NRSV, REB, NJB) 그리고 'the house of a harlot' (NAB)이라고 번역한다.

고 거기 누우라 그가 네 할 일을 네게 알게 하리라"에 잘 묘사되어 있다. 비록 룻이 시어머니 나오미의 말을 따른 것이지만 그녀가 룻에게 지시한 것은 남자를 유혹하기 위한 수단이었다.^{참조. 룻}
3:6

나오미가 며느리인 룻에게 지시한 "목욕하고 기름을 바르고 의복을 입고"라는 행위는 신부의 결혼 준비를 위한 것이다. 하지만 룻은 보아스에게 신부로서 결혼을 준비하는 것이 아니다. 이런 점에서 학자들은 이 행동이 여성이 남성을 유혹하기 위한 것이라고 이해한다.[19] 더욱이 보아스가 타작이 다 끝난 후에 그의 잠자리에 들어갈 때, "그의 발치의 이불을 들고 거기 누우라"라고 말한 것은 마치 두 사람이 남편과 아내인 것처럼 서로 곁에 누우라는 의미이다.[20] 룻의 행위는 밤에 남자를 성적으로 유혹하는 행위이다. 이 구절에 성적인 어조가 가득 차 있다는 것도 룻이 보아스를 성적으로 자극하여 유혹하려는 행동임을 암시한다.

넷째, 우리야의 아내, 밧세바는 다윗과 간음한 여인이다.^{삼하 11장} 사무엘하 12장24절, "다윗이 그의 아내 밧세바를 위

---

19) 부쉬(F.W. Bush), 정일오 역, 『룻기 에스더』(서울: 솔로몬, 2006), 246-48을 참조하라.
20) Bush는 그의 주석에서 '라갈'(발, 다리)이란 히브리어 단어가 남자나 여성의 성기를 의미하는 완곡어로 사용될 수 있다고 설명한다. Bush, 『룻기 에스더』, 249.

로하고 그에게 들어가 그와 동침하였더니 그가 아들을 낳으매 그의 이름을 솔로몬이라 하니라 여호와께서 그를 사랑하사"에서 우리야의 아내가 밧세바인 것을 알 수 있다. 하지만 사무엘하 12장 9-12절에서는 밧세바의 이름이 등장하지 않고 우리야의 아내로만 소개한다.

"9그러한데 어찌하여 네가 여호와의 말씀을 업신여기고 나 보기에 악을 행하였느냐 네가 칼로 헷 사람 우리아를 치되 암몬 자손의 칼로 죽이고 그의 아내를 빼앗아 네 아내로 삼았도다 10 이제 네가 나를 업신여기고 헷 사람 우리아의 아내를 빼앗아 네 아내로 삼았은즉 칼이 네 집에서 영원토록 떠나지 아니하리라 하셨고 11여호와께서 또 이와 같이 이르시기를 보라 내가 너와 네 집에 재앙을 일으키고 내가 네 눈앞에서 네 아내를 빼앗아 네 이웃들에게 주리니 그 사람들이 네 아내들과 더불어 백주에 동침하리라 12너는 은밀히 행하였으나 나는 온 이스라엘 앞에서 백주에 이 일을 행하리라 하셨나이다 하니" 삼하 12:9-12

이것은 다윗이 강제로 추행한 여인이 우리야의 아내인 것을 드러내려는 장치이다. 다윗이 우리야의 아내를 빼앗은 행위가 범법 행위이며, 그로 말미암아 그의 집에 하나님의 징벌로서 칼이 영원히 떠나지 않을 것임을 선언하려는 의도이다. 우리야의 아내인 밧세바는 이런 점에서 왕권에 의한 희생자인 것을 알 수 있다.[21]

다섯째, 마리아는 요셉과 약혼하고 함께 동거 전에 아이를 임신한 경우이다.[마1:18-25] 물론 저자는 마리아의 임신에 대하여 "예수 그리스도의 나심은 이러하니라 그의 어머니 마리아가 요셉과 약혼하고 동거하기 전에 성령으로 잉태된 것이 나타났더니"[마1:18]라고 묘사하면서 오늘날 발생하는 혼전 성관계로 인한 혼전 임신에 대한 경우를 차단하고 있다. 마리아의 임신은 인간이 이해할 수 없고 설명할 수 없는 초자연적인 사건이 발생한 것으로 이것은 하나님의 성령에 의한 구원 사역의 결과라고 설명한다. 하지만 약혼한 여인이 남편과 혼례식을 치루기 전에 이미 임신한 상태가 된 것을 남편 요셉과 주변 사람들이 알고 어떻게 반응하고 이해했을지는 상상이 되지 않는 일이다.

이렇게 볼 때, 마태복음의 족보에 등장하는 다섯 여인들은 모두 성적인 죄와 관련되어 있는 사람들이다. 마리아의 경우도 마태복음 저자가 "그 남편 요셉과 약혼하고 동거하기 전에 성령으로 잉태된 것이 나타났다"고 설명했지만 이런 상황은 당시 유대인

---

21) 예수의 족보에 이름이 오른 네 명의 여인에 대한 논의에 대하여 최영실, 『신약성서의 여성들』(서울: 동연, 2012), 15-29를 참조하라.

의 결혼 관습에서 있을 수 없는 일이 발생했음을 보여준다.[22]

마태복음 저자의 의도는 이런 죄지은 여인들을 예수의 족보에 기록하여 인간을 죄로부터 구원하기 위하여 예수 그리스도가 이 땅에 오셨음을 강조하고 있으며, 이 구원에는 남녀의 성별 차이가 없음을 분명히 선언하기 위함이다. 저자는 하나님의 구속사에 각양각색의 사람들이 다 포함되어 있다는 사실을 예수의 족보 속에 등장하는 여성들의 이름을 통하여 말하고 있다. 마태복음의 저자는 예수 그리스도를 통해 성취된 하나님의 구속사에는 유대인과 이방인의 차별뿐만 아니라, 종과 자유인, 남녀의 차별도 사라졌다고 강조하고 있다.참조. 갈 3:27-28

하지만 마태복음 저자는 시대적 한계를 갖고 있는 것도 사실이다. 마태복음 저자는 누가복음의 저자참조. 눅 1:26-38와 마찬가지로 예수의 탄생을 소개하면서 마리아의 처녀성을 강조한다.[23] 요셉과 약혼한 처녀 마리아가 결혼하여 동침하기 전에 예수를 잉태한 것은 당시 유대사회 문화 속에서 결코 용납될 수 없는 사건이기에 저자는 이 일을 하나님의 적극적인 섭리로 말미암은 성령의 역사로 소개한다.

---

22) 구약성서에 의하면 여자가 남자와 약혼한 후 결혼하기 전 어떤 남자와 동침하거나 임신한 것이 알려지면 그 여인은 돌로 쳐서 죽이도록 규정하고 있다(참조. 레 22:23-24).

23) 아라이 사사구, 김윤옥 역, 『신약성서의 여성관』(서울: 대한기독교서회, 1993), 81-112를 참조하라.

"¹⁸예수 그리스도의 나심은 이러하니라 그의 어머니 마리아가 요셉과 약혼하고 동거하기 전에 성령으로 잉태된 것이 나타났더니 … ²²이 모든 일이 된 것은 주께서 선지자로 하신 말씀을 이루려 하심이니 이르시되 ²³보라 처녀가 잉태하여 아들을 낳을 것이요 그의 이름은 임마누엘이라 하리라 하셨으니 이를 번역한즉 하나님이 우리와 함께 계시다 함이라" 마1:18, 22-23

이것은 분명히 당시 유대인의 사회문화 속에서 발견되는 보편적 요소인 성차별적 관점의 반영이라고 할 수밖에 없다. 당시 여성은 생식기능으로만 그 존재 가치를 인정받았다. 저자는 예수의 탄생을 하나님의 섭리와 역사로 묘사하면서 처녀 마리아의 잉태를 초자연적 사실로 소개하여 정당성을 강조한다. 당시 유대 사회는 여성의 처녀성을 지키는 것으로 남성중심의 위계질서를 지키며 사회를 유지할 수 있었다. 이런 이유로 당시 유대인의 사회와 문화 속에서 여성은 결혼할 때까지 처녀성을 지켜야 하고 이런 문화와 풍습을 당연시 여겼다.[24] 구약성서에 의하면 여성이 결혼을 했을 때 첫날밤에 '처녀의 표적'을 증명하지 못하면 그 결혼은 파기되었고, 그 여성은 돌로 쳐서 사형시켰

---

24) 사사구, 『신약성서의 여성관』, 149-51을 참조하라.

다.^{참조. 신 22:13-21}[25] 마태복음 저자도 당시 이와 같은 유대의 사회 문화적인 배경 속에서 이해된 여성관을 완전히 탈피하기 어려 웠을 것으로 짐작된다.

2) 현실정치에 관여한 빌라도의 아내(마 27:19)

마태복음 저자는 예수의 재판을 앞두고 있는 총독 빌라도 에게 그 아내가 예수의 재판과 관련하여 조언한 내용을 소개한 다. 마태복음에서 빌라도의 아내가 등장하는 것은 매우 특이하 다. 이방인인 빌라도의 아내가 이 복음서에 등장하는 것은 예수 의 족보에 등장하는 여성들만큼이나 특별하다. 빌라도의 아내 는 남편의 공적 재판 자리에 등장하고, 예수의 무죄를 변증하는 중요한 역할을 한다.

"총독이 재판석에 앉았을 때에 그의 아내가 사람을 보내어 이르되 저 옳은 사람에게 아무 상관도 하지 마옵소서 오늘 꿈에 내가 그 사람으로 인하여 애를 많이 태웠나이다 하더라."^{마 27:19} 이것은 총독 빌라도의 아내가 단순히 꿈 이야기를 그 남편에게 사사로이 전한 정도가 아니라 구체적으로 남편에게 예수의 재

---

25) '처녀의 표적'(신 22:17)은 해석의 논란이 있지만 여성의 처녀막이 첫 성관계를 통해 서 파열되어 흘러나왔을 때, 그 핏자국이 묻어 있는 결혼식 첫날밤에 사용한 자리옷 을 의미한다. D.L. Christensen, *Deuteronomy 21:10-34:12* (WBC 6B; Nashville: Thomas Nelson, 2002), 520; J.A. Thompson, *Deuteronomy: An Introduction and Commentary* (TOTC; Leicester: Inter-Varsity Press, 1974), 235-36을 보라.

판에서 손을 떼라는 의미로 자기 의사를 전달한 것이다.

　　당시 여성이 현실 정치에 참여하는 것은 거의 불가능했다. 성 차이에 따른 영역 분리가 분명했기에 여성은 공적 영역인 원로원, 시의회, 그 밖의 여러 하위 관직에서 대체로 배제되었다. 그래서 결혼한 여성은 남자들이 대중 집회에 참석한 후 집에 돌아오면 그 때 가정에서 남편에게 여러 가지 일들을 물어볼 수 있었다.[26] 슈테게만은 당시 일반적으로 여성이 정치에 개입하려고 했을 때 남성들은 극도로 예민하게 반응했다고 주장한다.[27]

　　예수 당시 지중해 연안의 국가들이 여성의 현실정치 개입을 제한한 상황을 고려하면 마태복음에서 총독 빌라도의 아내가 남편에게 한 말을 기록한 것은 매우 이례적이다. 당시 여성과 남성의 역할과 능력을 엄격하게 구분하여 성의 차이에 따라 영역을 구분한 상황인데 마태복음 저자가 빌라도의 아내의 말을 소개한 것은 의도적인 것을 알 수 있다. 그 의도는 분명히 여성의 정치 참여와 관계되어 있는 것을 짐작할 수 있다. 빌라도의 아내가 남편에게 예수의 재판에 깊이 관여하지 말 것을 요청하면서 자신의 꿈 이야기를 전달한 것은 그 아내가 재판에 영향을 행사한 것으로 평가할 수 있다.

---

26) E. W. Stegemann & W. Stegemann, 『초기 그리스도교의 사회사』, 574-87을 참조하라.
27) E. W. Stegemann & W. Stegemann, 『초기 그리스도교의 사회사』, 575.

빌라도는 예수의 무죄를 확신하고 있었지만 결정을 내릴 수 없는 상황에서 아내의 말은 결정적인 역할을 한 것이다. 그래서 빌라도는 예수를 놓아주려고 명절에 죄인을 풀어주는 사면권을 행사하려는 의도에서 유대인들에게 질문한 것이다.참조. 마 27:21; 요 18:39-40 물론 유대인들은 예수를 선택하지 않았고 바라바를 선택했다. 하지만 분명한 것은 빌라도가 아내의 말을 무시하거나 여성의 정치 개입으로 이해하고 당시의 사회관습대로 예민하게 부정적인 반응을 보이지 않았다는 것이다. 오히려 그 아내의 말을 긍정적으로 받아들였고 실행에 옮긴 것을 알 수 있다. 마태복음 저자는 당시 여성의 성차별적인 상황을 빌라도의 아내를 등장시켜서 해결하고 있는 것처럼 보인다.

요약하면, 마태복음 저자는 여성의 지위에 대하여 예수의 족보를 소개하면서 당시의 사회풍습이나 관례를 따르지 않고 여성의 이름을 족보에 삽입하여 당시 여성에 대한 성차별의 편견을 극복하려고 시도한 것으로 평가할 수 있다. 또한 마태복음에만 등장하는 빌라도의 아내가 남편에게 꿈 이야기를 전달한 내용을 소개하여 현실 정치에도 여성의 역할이 어느 정도 영향력을 행사했다는 사실을 보여주고 있다.

3. 마가복음의 여성관

마가복음에 여성이 등장하는 경우는 예수의 십자가 죽음과 부활 사건 외에 다음과 같다.[막 16:1-8] 예수의 수난과 부활의 현장에 등장하는 여성[막 16:1-8], 예수가 베드로의 장모의 병을 치료한 일[막 1:29-31], 예수가 혈루증을 앓고 있던 여성을 치유하고, 야이로의 딸을 살려준 사건[막 5:21-43], 예수가 수로보니게 여성의 딸이 귀신들린 것을 고쳐준 사건[막 7:24-30], 서기관들을 조심하라는 경고와 가난한 과부가 보여준 모범에 대한 예수의 반응[막 12:38-44], 베다니에서 예수의 머리에 향유를 부은 여성[막 14:3-9]을 묘사한 것이다.[28]

1) 여성에 대한 긍정적 묘사

마가복음에서 예수는 병든 여인들을 아무 차별 없이 만나주시고 치료해 주신다. 혈루증을 앓고 있는 여성을 만지는 것이 율법에서 금지된 일이었고, 죽은 자를 만지는 것도 역시 부정한 일이었다. 하지만 그들을 만나주시고 그 여인들이 예수를 만지는 것을 허락하고 만져주신다. 더욱이 수로보니게 여성은 그리

---

28) 블랑크(J. Blank), '예수 전승에 등장하는 여성들', 다우첸베르크(G. Dautzenberg) 외 2인 편집, 윤선아 역, 『원시 그리스도교의 여성』(왜관: 분도출판사, 1992), 9-116. 특히 15-35를 참조하라.

스인으로서 시리아 페니키아인이었다.[29] 하지만 예수는 율법보다 여성의 고통과 질병에 관심을 기울였고, 이방인 여성도 차별을 두지 않았던 것을 알 수 있다.

마가복음의 경우 아주 독특하게 여성을 남성과 비교하며 높이 평가한다. 마가복음은 여성에 대하여 비교적 관대한 입장이다.[30] 마가복음의 경우 예수의 수난 현장을 묘사하면서 여성의 존재를 분명히 긍정적으로 묘사하고 있다. 이 복음서의 예수의 수난 사화에서 여성을 등장시켜 그의 장례를 준비하는 모습을 기술한 것은 여성에 대한 당시의 분위기와 상반되는 묘사이다. 마가복음의 저자는 복음서의 마지막 부분에서 여성들을 등장시키면서 그들을 긍정적으로 소개한다. 예수의 열두 제자들을 부정적으로 묘사한 것과 매우 대조를 이룬다. 참조. 막 15:39-41, 47

"[39]예수를 향하여 섰던 백부장이 그렇게 숨지심을 보고 이르되 이 사람은 진실로 하나님의 아들이었도다 하더라 [40]멀리서 바라보는 여자들도 있었는데 그 중에 막달라 마리아와 또 작은 야고보와 요세의 어머니 마리아와 또 살로메가 있었으니 [41]이

---

29) 도나휴(J.R. Donahue), 해링턴(D.J. Harrington), 조장윤 역, 『마르코복음서』(세종: 대전가톨릭대학교출판부, 2017), 351-52를 참조하라.

30) 김득중, 『주요 주제를 통해서본 복음서들의 신학』(서울: 한들출판사, 2006), 356-83을 참조하라.

들은 예수께서 갈릴리에 계실 때에 따르며 섬기던 자들이요 또 이 외에 예수와 함께 예루살렘에 올라온 여자들도 많이 있었더라 … ⁴⁷막달라 마리아와 요세의 어머니 마리아가 예수 둔 곳을 보더라." ^{막 15:39-41, 47}

마가복음의 저자는 여성에 대하여 보다 적극적으로 묘사하면서 마태복음이나 누가복음과는 전혀 다른 입장에서 여성을 기록하고 있다.[31] 마가복음의 저자가 여성에 대하여 비교적 긍정적으로 묘사하는 것은 당시 여성의 사회 문화적인 배경 속에서 매우 놀라운 일이다.

2) 여성의 이혼 권리(막 10:1-21)

마가복음의 저자가 이혼 문제를 다루는 마가복음 10장 1-21절에서 예수의 교훈을 소개한 것은 여성에 대한 저자의 입장과 예수의 관점을 적절히 보여주는 본문이다. 이 내용은 마태복음의 평행구절인 19장 1-12절에 등장한다.[32] 마태복음의 기록과 다른 점은 마가복음 10장 11절에서 "이르시되 누구든지 그 아내를 버리고 다른 데에 장가드는 자는 본처에게 간음을 행함

---

31) 사사구, 『신약성서의 여성관』, 63-77을 참조하라.

32) 마태복음에서 이혼 문제를 다루는 배경은 전통적인 유대 율법과 관습이다(참조. 마 5:32; 19:9).

이요"라고 교훈한 내용이다. 남성들의 자유로운 이혼에 대하여 예수는 분명히 이혼이 얼마나 잘못된 것임을 강조하며 남성들에게 쉽게 이혼하지 못하게 한다. 참조. 마 19:6, 9

하지만 이어지는 마가복음 10장 12절에서 "또 아내가 남편을 버리고 다른 데로 시집가면 간음을 행함이니라"라고 기술한다. 이 구절은 매우 독특한 내용으로 여성이 남편을 버릴 수 있는 권한 즉, 여성의 이혼 권리를 의미한다.[33] 이 말씀이 당시 유대사회에서 여성이 남편을 버릴 수 없는 상황을 고려한다면, 예수의 말씀이기보다 마가복음의 저자가 그리스와 로마의 당시 상황을 고려하여 여성이 남편과 이혼할 수 있음을 강조하려는 저자의 사상을 삽입한 것이라고 생각하는 학자들이 있다.[34] 당시 로마사회에서 여성의 이혼은 법적으로 가능했다. 하지만 본문의 비평에 앞서서 마가복음 10장 11-12절은 분명히 이혼 문제와 관련하여 남녀의 동등한 권리와 책임을 강조하고 있다.[35]

요약하면 마가복음은 예수께서 병든 여인들을 아무 차별 없이 만나주시고 치료해 주신 사건을 집중적으로 소개한다. 저자는 여성을 소개할 때 남자들과 비교하여 여성의 존재를 매우 관대하고 긍정적으로 묘사한다. 가장 특별한 것은 이혼 문제와

---

33) 김득중, 『주요 주제를 통해서본 복음서들의 신학』, 381-83을 보라.
34) Donahue and Harrington, 『마르코복음서』, 447을 참조하라.
35) Donahue and Harrington, 『마르코복음서』, 447-52를 참조하라.

관련하여 마가복음은 남성의 고유한 권한으로 소개하지 않고, 여성도 이혼에 대하여 동등한 권리가 있음을 보여준다.[36] 이혼에 관한 마가복음의 사상은 남녀가 동등한 권리와 책임을 있다는 것이다.

---

36) 1세기 유대 사회문화 속에서 여성이 이혼을 주장할 수 있는 예외 적인 권리가 있었다. 남편이 악취가 나는 세 종류의 직업(개똥수거자, 구리대장장이, 무두장이)에 종사하거나, 나병 또는 종양에 걸린 경우에 여성이 이혼을 요구할 수 있었다. 참조. Jeremias, 『예수 시대의 예루살렘』, 383, 388-89를 참조하라.

4. 누가복음의 여성관

　　누가복음의 경우 예수의 가르침 속에 여성이 다른 복음서보다 가장 많이 등장한다.[37] 누가복음에서 여성이 등장하는 본문은 나인성의 과부의 죽은 아들을 살려내신 예수[눅 7:11-17], 예수와 죄 많은 여인[눅 7:36-50], 예수를 도운 여성들[눅 8:1-3], 마르다와 마리아[눅 10:38-42], 열여덟 해 동안이나 귀신 들려 앓으며 꼬부라져 조금도 펴지 못하는 한 여자를 고쳐주신 예수[눅 13:10-17], 동전 하나를 잃어버린 여인에 대한 비유[눅 15:8-10], 악한 재판관과 과부에 대한 비유[눅 18:1-8]이다. 당시 여성의 사회적 위치를 고려할 때 누가복음의 저자는 많은 부분을 여성 이야기에 귀 기울이게 한다. 누가복음 저자는 당시 유대교에서 여성이 멸시와 냉대를 받는 계층으로 이해하고 있었을 때, 여성도 남성과 동등하게 하나님께서 사랑하시는 인간이라는 점을 강조하고 있는 듯하다.[38]

　　하지만 누가복음 저자는 여성을 소개하면서 대부분의 경우 "부유한 여성, 경건한 여성, 혹은 더 구체적으로 말하면 사랑의 행위로 살아가는 여성"[39]을 기술한다. 특히 누가복음 8장 1-3절을 보면 여성의 이야기를 묘사하면서 여러 여자들이 자기의 소유로 사랑의 행위를 실천했다고 기록한다.

---

37) Blank, '예수 전승에 등장하는 여성들', 49-86을 참조하라.
38) Blank, '예수 전승에 등장하는 여성들', 49를 보라.
39) 사사구, 『신약성서의 여성관』, 129.

"¹그 후에 예수께서 각 성과 마을에 두루 다니시며 하나님의 나라를 선포하시며 그 복음을 전하실새 열두 제자가 함께 하였고 ²또한 악귀를 쫓아내심과 병 고침을 받은 어떤 여자들 곧 일곱 귀신이 나간 자 막달라인이라 하는 마리아와 ³헤롯의 청지기 구사의 아내 요안나와 수산나와 다른 여러 여자가 함께 하여 자기들의 소유로 그들을 섬기더라." 눅8:1-3

이 본문에 등장하는 여러 여성 가운데 "헤롯의 청지기 구사의 아내 요안나"는 상당히 부유한 상류층의 여자인 것을 알 수 있다. 남편이 헤롯의 청지기로서 재물을 관리하던 사람이기 때문이다.[40] 누가복음의 저자의 한계는 마태복음과 유사하게 여성을 묘사하면서 당시 사회 문화적 배경 속에서 여성을 바라보는 시각으로 기술했다는 점이다.[41] 하지만 누가복음의 저자가 예수를 소개하면서 그와 함께 자주 등장하는 여성들에 대하여 제한적이지만 기술하지 않을 수 없었던 것을 확인할 수 있다. 누가복음 저자 역시 마태복음처럼 시대적 한계를 뛰어넘지 못한 것을 알 수 있다.

누가복음 저자의 시대적 한계가 있지만 누가는 가난하고

---

40) 마샬(I.H. Marshall), 번역실 역, 『루가복음(1)』 (서울: 한국신학연구소, 1983), 420-23을 참조하라.
41) 사사구, 『신약성서의 여성관』, 115-54를 참조하라.

병든 여인들을 통해서 당시 사회의 약자로 살아가는 여성들을 예수가 어떻게 인격적으로 대우하고 있는지를 보여준다. 더욱이 여성도 남성과 동등하게 하나님께서 사랑하시는 인격적 존재임을 많은 여성을 소개하면서 암시하고 있다.

5. 요한복음의 여성관

요한복음에서 여성을 묘사한 본문은 혼인잔치에서 예수의 어머니가 포도주의 모자란 것을 예수께 알리는 사건요 2:1-12, 예수와 사마리아 여인의 대화요 4:1-42, 음행 중에 현장에서 붙잡혀 온 여자를 용서하시는 예수요 7:53-8:11, 42 예수가 병들어 죽은 나사로를 소생시키는 사건에서 마르다와 마리아요 11:1-44, 예수의 발에 향유를 부은 마리아요 12:1-8, 대제사장 집의 문을 지키는 여인요 18:15-18, 예수의 십자가 처형 당시 주변에 있던 여인들과 예수의 어머니요 19:25-27, 예수의 부활과 막달라 마리아요 20:1-18이다.43 이 가운데 요한복음의 여성 묘사에서 독특함은 사마리아 여인의 등장요 4:3-42과 대제사장의 집 문을 지키는 여종의 등장참조. 요 18:15-18이다.

---

42) 이 단락은 개역개정에서 꺽쇠 괄호를 사용하여 "어떤 사본에, 7:53부터 8:11까지 없음"이라고 표시한다. 이 본문은 요한복음 저자의 기록으로 수용하기 어렵다. 그 이유는 이 단락이 유력한 초기 사본 및 많은 필사본(the Majority Manuscripts)에 포함되지 않았기 때문이다. 이 부분은 여러 고대 번역본에 포함되지 않았고, 12세기 이전에는 헬라 교부들도 이 부분을 알지 못했던 것으로 보인다. 왜냐하면 헬라 교부들 가운데 아무도 이 부분을 언급한 적이 없기 때문이다. 이런 점에서 거의 모든 요한복음 학자들은 본문이 이 복음서에 본래 속하지 않았다는 사실에 동의한다. 크루즈(C.G. Kruse), 배용덕 역, 『요한복음』(서울: 기독교문서선교회, 2013), 293, "이처럼 매력적인 이야기가 제4복음서 원문의 일부였을 가능성은 극희 희박하다."; 바톤(B.B. Barton) et al., 전광규 역, 『요한복음』(서울: 성서유니온선교회, 2005), 282-83, "이 이야기에 성경과 동일한 권위를 부여해서는 안 된다."(283); 브라운(R.E. Brown), 최흥진 역, 『요한복음 I』, (2 vols, 서울: 기독교문서선교회, 2013), 743-53; 바레트(C.K. Barrett), 『요한복음』(I), (서울: 한국신학연구소, 1984), 516-22를 참조하라.
43) Blank, '예수 전승에 등장하는 여성들', 86-113을 참조하라.

1) 사마리아 여인과 예수(요 4:3-42)

사마리아 여인과 예수가 수가라는 지역의 야곱의 우물가에서 만나 대화하는 장면은 당시 사회문화적인 배경에서 이해할 수 없는 상황이다.[44] 예수께서 사마리아 여인을 만나 물을 달라 요청하시고, 그 여인과 함께 그 자리에서 하나님의 선물과 생수, 예배장소에 대하여 이야기를 주고받는다는 것은 당시 사회문화적으로 금지된 행위이기 때문이다. 유대교의 사회 문화 속에서 여성이 남편이 아닌 남성과 길에서 대화하는 것을 금지하고 있다. 참조. 요 4:9b, "유대인이 사마리아인과 상종하지 아니함이러라." 더욱이 유대교뿐만 아니라 사마리아 종교에서도 여성이 길에서 낯선 남성과 대화를 주고받는 것은 금지된 행위이었다.[45] 예수는 당시 금지된 행위인 여성을 우물가에서 만나 대화를 시작하신 것이다. 예수의 제자들도 예수가 길에서 오랜 시간 여인과 대화를 주고받는 것을 이상하게 생각했다. 참조. 요 4:27, "이 때에 제자들이 돌아와서 예수께서 여자와 말씀하시는 것을 이상히 여겼으나 무엇을 구하시나이까 어찌하여 그와 말씀하시나이까 묻는 자가 없더라."

예수와 사마리아 여인의 대화에서 사마리아 여인은 대화의 주체가 아니라 소극적 역할을 한다. 하지만 예수는 적극적으

---

44) Jeremias, 『예수시대의 예루살렘』, 451을 보라.
45) 조석민, 『요한복음의 새관점』 (서울: 솔로몬, 개정증보판, 2015), 205-229를 참조하라.

로 사마리아 여인을 대화 속으로 불러들인다. 예수가 사마리아 여인과 대화를 주고받은 것은 당시 여성의 권위를 전혀 인정하지 않는 사회 문화 속에서 여성을 한 인간으로 인정하신 사례이다. 다만 현재 이 내용이 잘못 해석되고 전달되어 사마리아 여자는 부정한 여자로 소개되었을 뿐이다. 요한복음에 등장하는 사마리아 여자는 부정한 여자가 아니라, 매우 경건한 종교인으로 여러 사람과 친밀하게 교류하며 살았던 여자이다. 참조. 요 4:28-29, 39-4246

예수께서 사마리아 여인을 만나 주시고 하나님의 선물과 자신을 드러내어 알려주신 것요4:10은 당시 여성의 사회적 위치를 고려하면 매우 놀라운 일이다. 더욱이 요한복음 저자가 언급한 것처럼, 당시 유대인은 사마리아인과 상종하지 않았던요4:9b 문화 풍습을 고려할 때, 유대인 남자인 예수가 사마리아인 여성을 만나 우물가에서 대화하신 것은 이 여인을 인격적으로 대우한 매우 귀중한 역사적 사건이다.

2) 대제사장 집 문지기 여성(요 18:15-18)

요한복음 저자가 18장 15-18절에서 대제사장의 집 문을 지키는 사람을 여성으로 묘사한 것은 매우 특별한 것이다. 복음

---

46) 조석민, 『요한복음의 새관점』, 205-229를 보라.

서에 베드로가 예수를 첫 번째 부인하는 장면에서 여성 노예가 등장하지만 요한복음만이 이 여성의 일을 구체적으로 묘사한다. 하지만 당시 여성이 밤에 대제사장의 관저로 출입하는 문을 지킨다는 사실에 동의하기가 매우 어렵다. 16절에 '뚜로로스'θυρωρός, '문 지키는 사람' 라는 헬라어 명사는 남녀 모두에게 사용되는 단어이다. 다만 본문에 사용된 관사가 여성이어서 문 지키는 사람이 여성임을 알 수 있다.

브라운R.E. Brown은 그의 주석에서 여종과 관련하여 고대시리아어 역본과 에티오피아어 역본을 소개하면서 이 역본들의 본문은 "문 지키는 사람의 여종"이라고 되어 있다는 내용을 소개한다.[47] 브라운은 이 역본과 관련하여 "이러한 표현은 문 지키는 자남자가 베드로의 출입을 허락하였으나 그의 여종이 베드로를 의심하였다는 뜻이 된다."[48]고 설명한다. 요한복음의 저자가 여종의 역할을 구체적으로 묘사하고 그 여종이 베드로에게 질문했다는 것은 당시 여성의 신분이 남성과 크게 차이가 없었다는 것을 상징적으로 보여준다.

요한복음의 수난과 부활의 장면에서 여성의 등장은 당시 여성들이 증언의 역할을 할 수 없는 사회문화 구조 속에서 살고

---

47) Brown, 『요한복음 II』, 1562를 보라.
48) Brown, 『요한복음 II』, 1562.

있는 것을 고려한다면 매우 특이한 일이다.요 19:25; 20:1-18 요한복음의 저자는 막달라 마리아를 예수 부활의 첫 목격자로 소개하며 제자들에게 예수 부활의 소식을 전한 최초의 전달자로 소개하기 때문이다.요 20:1849 이렇게 여성을 예수 부활의 증인으로 묘사한 것은 앞에서 이미 언급했듯이 모든 복음서가 동일하게 갖고 있었던 태도이며 여성에 대한 관점이다.

　요약하면, 요한복음의 저자는 앞에서 언급한 공관복음서와 비교해 볼 때 여성에 대하여 비교적 긍정적으로 묘사하며 소개하는 것을 알 수 있다. 특히 예수께서 사마리아인 여성을 우물가에서 만나 대화하시며 하나님의 선물과 생수에 대하여 말씀하시고, 그 여인이 예배 장소에 대하여 질문했을 때 거절하거나 무시하지 않고 적절히 대답하신다. 이것은 당시 사회 문화적 관습을 고려할 때 예수께서 여성을 존중하고 인격적으로 대우한 역사적 사건이다. 또한 대제사장의 문을 지키고 있었던 여종이 베드로에게 질문한 것을 소개한 것은 여성과 남성의 동등함을 인정하고 있는 저자의 암시이며 매우 획기적인 일이라고 평가할 수 있다.

---

49) 사사구, 『신약성서의 여성관』, 157-75; 리트(H. Ritt), '여자들과 부활 소식: 네 복음서의 무덤사화들에 대한 비교(마르 16,1-8; 마태 27,62-28,15; 루가 24,1-12; 요한 20,1-18)', 다우첸베르그(G. Dautzenberg), 외 2인 편집, 『원시 그리스도교의 여성』, 149-69를 참조하라.

2장 · 바울의 여성관

바울 당시 여성의 인권은 복음서에서 일반적으로 기술되었던 내용과 별다른 차이가 없다. 이런 점에서 가부장적인 남성 중심의 사고 속에서 성차별의 관점은 당연시되던 시대이다.[50] 당시 유대인의 사회문화 속에서 발견되는 성차별의 관점을 바울이 어느 정도 인정하고 있었는지 그의 서신들을 통해서 확인해 보려는 것이다. 첫째, 바울이 남성과 여성에 대하여 무엇을 교훈하고 있는지 갈라디아서 3장 26-29절을 통해서 살펴볼 것이다. 둘째, 바울은 부부 관계의 교훈 속에서 당시 남녀의 사회적 차별이 존재하는 상황을 인정했는지, 아니면 부부관계 속에서 남녀의 동등한 권리를 가르치고 있는지 확인해 볼 것이다. 이 질문과 관련하여 고린도전서 7장 1-5절과 에베소서 5장 22-33절에 초점을 맞추어 대답을 시도해 볼 것이다. 셋째, 바울이 여성 리더십과 관련하여 어떤 생각을 갖고 있었는지 고찰해 볼 것이다. 오늘날 한국개신교회의 몇몇 교단들에서 문제를 삼고 있

---

50) Jeremias, 『예수시대의 예루살렘』, 450-79를 참조하라.

는 여성 안수에 대하여 바울은 명시적으로 어떤 지침을 주고 있는지 디모데전서 2장 11-15절과 3장 8-10절, 그리고 고린도전서 11장 2-16절과 14장 33b-35절을 중심으로 살펴보며, 동시에 바울 당시 여성 리더십과 관련하여 실제 여성 사역자의 사례가 있었는지 로마서 16장에 등장하는 여성들을 통해서 확인해 볼 것이다.

1. 그리스도 안에서 남녀의 평등(갈 3:26-29)

　바울은 갈라디아서 3장 26-29절에서 그리스도 안에서 하나님의 자녀가 된 모든 남녀가 평등하다는 사상을 가르치고 있다. 갈라디아서의 강조점은 모든 그리스도인의 평등한 정체성을 분명히 밝히는 것이다. 그 가운데 바울은 하나님의 은혜로 말미암아 예수 그리스도 안에서 믿음을 갖고 세례를 받아 그리스도인이 되었다는 것이 실제로 어떤 효과가 있는지 가장 간략하면서도 매우 강력하게 선언한다.

> [26]너희가 다 믿음으로 말미암아 그리스도 예수 안에서 하나님의 아들이 되었으니[27]누구든지 그리스도와 합하기 위하여 세례를 받은 자는 그리스도로 옷 입었느니라 [28]너희는 유대인이나 헬라인이나 종이나 자유인이나 남자나 여자나 다 그리스도 예수 안에서 하나이니라 [29]너희가 그리스도의 것이면 곧 아브라함의 자손이요 약속대로 유업을 이을 자니라. 갈 3:26-29

　바울은 누구든지 그리스도와 합하여 세례를 받은 사람은 그리스도인이 된 사람이라고 가르친다. 이런 사람들을 가리켜서 바울은 '그리스도로 옷 입었다'[27절]라고 표현한다. 이런 표현은 상징적인 묘사인데, 바울에 의하면 모든 그리스도인은 같은 옷인 '그리스도의 옷' 을 입은 것이며, 그러므로 누구든지 그리스도 안에서 아무 차이가 없다는 것을 강조한 것이다.[51]

그리스도로 옷 입은 상태를 바울은 "너희는 유대인이나 헬라인이나 종이나 자유인이나 남자나 여자나 다 그리스도 예수 안에서 하나이니라."[28절]라고 다시 자세히 부연 설명한다. 이 구절을 새번역은 "유대 사람도 그리스 사람도 없으며, 종도 자유인도 없으며, 남자와 여자가 없습니다. 여러분 모두가 그리스도 예수 안에서 하나이기 때문입니다."라고 번역한다.

이 구절에 세 쌍의 대구가 등장한다. 유대인과 헬라인, 종과 자유자, 그리고 남자와 여자이다. 바울이 비교한 세 쌍의 대립은 모두 비슷해 보이지만 앞의 두 雙의 대조와 마지막 한 쌍의 대조는 문장 구조가 다르다. 앞의 두 雙의 대조는 문장 구조에서 "… 도 … 도 아니다"이지만, 남자와 여자의 대조는 "남성과 여성이 아니다"이다. 이런 문장 구조에 대하여 "창세기 1장 27절의 표현을 칠십인역 헬라어 성서에서 빌려왔기 때문일 것"[52]으로 이해하기도 한다.

마지막 한 쌍의 대조에서 새번역을 따르면 '남성과 여성이 없다' 이다. 이런 표현은 그리스도 안에서 더 이상 남성과 여

---

51) 최갑종, 『갈라디아서』 (일산: 이레서원, 2016), 479-89를 참조하라.
52) 김창락, 『갈라디아서』 (서울: 대한기독교서회, 1999), 312.

성의 차별이 없다는 선언이다. 바울은 지금까지 인종적, 사회
문화적, 성적 불평등과 차별이 존재했지만 이제는 그리스도로
말미암아 모든 영역에서 불평등과 차이가 종결되었다고 선언한
것이다.[53] 28절의 해석이 다양할 수 있지만 벳츠H.D. Betz는 "모든
해석에서 남자와 여자의 성적 구별들이 그리스도교 교회에서
그 의의를 상실했다."라고 해설한다.[54] 바울은 이 구절을 통해
서 여성들의 사회적 해방을 암시하며 그리스도로 말미암아 이
루어진 구원의 결과로 더 이상 생물학적 남성과 여성의 성차별
은 의미가 없음을 분명히 보여준 것이다.

바울이 강조하는 그리스도인의 정체성은 모두 '하나님의
아들' 26절이 되었다는 신학적 교훈보다도 당시 사회의 구성원으
로서 어떤 실제 변화가 있는지 잘 보여준다. 이런 상태를 바울은
28절에서 '다 그리스도 예수 안에서 하나' 라고 설명한다.[55] 바
울은 그리스도인은 누구든지 인종유대인과 헬라인, 사회적 신분종과 자유
인, 성별남성과 여성에 있어서 차별이 없이 모두 평등하게 하나가 되
었다는 그리스도인의 동등성을 선언한 것이다. 이런 선언은 그
리스도 예수 안에서 이루어진 새로운 구원 질서 속에서 모든 차

---

53) 롱기네커(R.N. Longenecker), 이덕신 역, 『갈라디아서』 (WBC 41; 서울: 솔로몬,
   2003), 415-20을 참조하라.
54) 벳츠(H.D. Betz), 번역실 역, 『갈라디아서』 (서울: 한국신학연구소, 1987), 410.
55) 권연경, 『갈라디아서 어떻게 읽을 것인가』 (서울: 성서유니온선교회, 2013), 166-67
   을 참조하라.

이는 그 본래의 의미를 상실했다는 것이다. 바울이 이런 선언을 했지만 주변의 사회는 남녀의 관계에 있어서나 사회구조 속에서 여성의 지위가 전혀 변하지 않은 상황이었다. 이런 상황에서 초대 교회 그리스도인들은 그리스도 안에서 남녀의 동등성을 어떻게 이해했는지 쉽게 판단하기 어렵다. 바울 자신도 그리스도 안에서 남녀의 차별이 없다는 남녀동등성을 선언했지만 실천적인 면에서 얼마나 이 선언을 이해하고 행동했는지 가늠하기 어렵다.

이런 점에서 바울도 그리스도 안에서 모든 그리스도인들이 인종의 차이, 사회적 신분의 차이, 성별의 차이가 없음을 분명히 선언하지만 한계를 지니고 있었던 것을 짐작할 수 있다.[56] 그 한계의 모습을 바울이 사용한 단어를 통해서 어느 정도 확인할 수 있다. 바울의 남녀평등에 관한 선언 속에 등장하는 '하나님의 아들' 이라는 '아들' '휘오스', υἱός 용어는 당시 사회문화적 상황을 반영한 것으로 이해할 수 있다. 바울은 그리스도인의 동등성을 선언하지만 '아들' 어휘를 사용할 수밖에 없었던 것이다. 당시 바울이 사용한 '아들' 어휘는 바울의 사고가 비록 그리스

---

56) 바울이 유대적 사고 속에서 남녀차별에 대한 사상을 갖고 있다는 것을 엿볼 수 있는 본문은 고린도전서 15:4-5이다. 바울은 부활하신 예수가 여인들에게 가장 먼저 나타난 것을 알고 있었지만 부활의 첫째 증인으로 여성이 아닌 남성, 즉 게바(베드로)를 언급한 것이다. 이것은 당시 바울이 갖고 있는 성(gender)의식의 한 단면이라고 이해할 수 있다.

도 안에서 남녀의 차별이 없음을 선언한 것이지만, 남성중심의 가부장적 사회구조와 제도의 한계를 뛰어 넘지 못하고 있음을 보여주는 사례라고 할 수 있다.

바울이 '하나님의 자녀'를 표현하기 위하여 '아들' 용어 대신에 성 중립적 단어, 예를 들면, '테크니온'ᵗᵉᵏⁿⁱᵒⁿ. '자녀'을 선택할 수 있었을 것이다. 하지만 바울은 당시 남성중심의 가부장적 사회제도와 문화의 환경이란 틀 속에서 '아들' 용어를 사용하기 위하여 고민하거나 갈등할 필요가 없었을 것이다. 오히려 아무런 고민 없이 자연스럽게 선택했을 것으로 추정할 수 있다.[57] 비록 바울이 이와 같은 시대적 한계를 지니고 있지만 모든 그리스도인은 그리스도 안에서 남녀 성별의 차이가 없이 동등하다는 교훈을 분명히 선언한 것이다.

그리스도인이 된 남녀는 성별에서 차이가 없고 동등하다는 남녀동등성은 바울 사상에서 그의 여성관을 보여주는 하나의 기본 틀이 된다. 바울이 그리스도 안에 있는 사람은 어떤 차별도 존재하지 않는다고 선언하는 것은 당시 상황에서 혁명적인 사상이다. 참조. 고전 12:13; 골 3:10-11 특히 남녀의 차별이 로마와 그

---

57) 바울의 서신에서 "아들"용어나 "형제들아"라는 호칭은 당시의 남성중심의 가부장적 사회와 문화적 배경을 보여주는 증거로 채택될 수 있다. 고린도서신에서 "형제들아" 는 고린도교인 전체를 부르는데 자주 사용되는 바울의 호칭이었다(예를 들면, 고전 1:10, 11, 26; 2:1; 3:1; 4:6; 10:1; 12:1; 14:20; 15:1, 50; 16:15).

리스 사회에도 존재했지만, 유대인 사회 속에서 더욱 심각한 상황이었다는 것을 당시 유대문헌이 다양하게 증거하고 있다.[58] 이런 당시 사회 문화의 배경 속에서 남녀 차별의 상황을 잘 보여주는 내용이, 앞으로 논의될 것이지만, 고린도전서 11장 2-16절, 14장 34-35절과 디모데전서 2장 11-15절, 등에도 그 흔적을 남기고 있다고 할 수 있다.

바울이 갈라디아서 본문에서 남녀의 차별이 없이 동등하다는 남녀동등성을 주장한 것은 다른 서신과 비교해 볼 때 매우 특별하다. 그리스도 안에서 차별이 없다는 사상은 고린도전서 12장 13절의 경우 "우리가 유대인이나 헬라인이나 종이나 자유인이나 다 한 성령으로 세례를 받아 한 몸이 되었고 또 다 한 성령을 마시게 하셨느니라."라고 선언한다. 하지만 이 구절에서 남자와 여자의 동등성은 발견되지 않는다. 또한 비슷한 사상이 골로새서 3장 10-11절, "새 사람을 입었으니 이는 자기를 창조하신 이의 형상을 따라 지식에까지 새롭게 하심을 입은 자니라. 거기에는 헬라인이나 유대인이나 할례파나 무할례파나 야만인이나 스구디아인이나 종이나 자유인이 차별이 있을 수 없나니 오직 그리스도는 만유시요 만유 안에 계시니라."에서도 발견된

58) 다우첸베르그(G. Dautzenberg), '바울의 개신교들 내에서 여성들이 차지한 위치', Dautzenberg, 『원시 그리스도교의 여성』, 231-84를 참조하라.

다. 이 경우에도 남성과 여성의 차별이 없다는 사상을 찾아 볼 수 없다. 이런 신약성서의 본문들을 고려할 때 갈라디아서 3장 26-29절은 그리스도 안에서 남성과 여성의 동등성을 주장하는 매우 특별한 선언이다.

2. 부부 관계(고전 7:1-5; 엡 5:22-33)

바울은 고린도전서를 보내기 전에 고린도교인들로부터 부부의 성생활 대하여 질문을 받았다.참조. 고전 5:9; 7:1 59 바울이 부부의 성생활에 대하여 답변하면서 부부가 성생활에 동등한 권리를 주장할 수 있다고 가르친다. 이런 사상은 바울이 그리스도 안에서 남녀가 동등하다고 선언한 갈라디아서 3장 26-29절에 근거한 것이 분명하다. 고린도교인들이 질문한 부부의 성생활에 대한 바울의 답변은 다음과 같다.

> ¹너희가 쓴 문제에 대하여 말하면 남자가 여자를 가까이 아니함이 좋으나 ²음행을 피하기 위하여 남자마다 자기 아내를 두고 여자마다 자기 남편을 두라 ³남편은 그 아내에 대한 의무를 다하고 아내도 그 남편에게 그렇게 할지라 ⁴아내는 자기 몸을 주장하지 못하고 오직 그 남편이 하며 남편도 그와 같이 자기 몸을 주장하지 못하고 오직 그 아내가 하나니 ⁵서로 분방하지 말라 다만 기도할 틈을 얻기 위하여 합의상 얼마 동안은 하되 다시 합하라 이는 너희가 절제 못함으로 말미암아 사탄이 너희를 시험하지 못하게 하려 함이라 고전 7:1-5

---

59) 바울이 고전 7:1에서 '너희가 쓴 문제' 라고 언급한 것은 고린도교인들이 질문한 부부의 성생활을 의미한다. 티슬턴(A.C. Thiselton), 권연경 역, 『고린도전서』 (서울: SFC, 2011), 187-90을 참조하라.

바울은 부부의 성생활에서 남편이나 아내가 서로의 성적 의무를 성실하게 감당하라고 교훈한다. 아내가 자기 몸을 주장하지 못하고 남편이 주장하는 것처럼, 남편도 자기 몸을 자기가 주장하지 못하고 아내가 주장한다는 가르침이다.[3-4절] 당시 부부의 성관계는 오직 자녀 생산을 위한 목적이었다. 이런 성관계 속에서 여성은 자신의 몸을 남성에게 제공해야 할 의무를 갖고 있고, 그 속에서 남성만이 성적 욕구를 채우고 즐기는 경험으로 간주되었다.[60] 하지만 바울은 당시의 이런 사상을 거부하고 부부의 성관계 속에서 남편과 아내는 동등하게 성적 즐거움을 누릴 권리가 있다고 가르친다.[61] 티슬턴[A.C. Thiselton]은 이 단락을 주석하면서 당시 바울이 부부의 성생활에서 성적 " '즐거움'이 상호적인 것이라고 주장한 최초의 인물인 것으로 보인다."고 주장한다.[62] 바울은 결혼 관계 속에서 남편과 아내의 동등성과 상호존중을 가르친다.

당시 여자는 부부로서 생식기능의 역할만 감당하여 자녀를 생산하는 것이 목적이었기에 성생활에서 성적 욕구를 만족시키거나 기쁨을 맛본다는 것은 상상하기 어려운 상황이었다.

---

60) Thiselton, 『고린도전서』, 188-89를 참조하라.
61) 베일리(K.E. Bailey), 김귀탁 역, 『지중해의 눈으로 본 바울』(서울: 새물결플러스, 2017), 300-304를 참조하라.
62) Thiselton, 『고린도전서』, 189.

당시 여성의 성적욕구는 전혀 도외시 되었다. 그래서 당시 여성들은 부부일지라도 남편에게 성적인 요구를 충족시키기 위하여 어떤 요구를 할 수 없는 사회와 문화 속에서 살아갔다.[63] 하지만 결혼한 남자의 경우 남편이지만 자신의 성적 욕구와 만족을 아내와 함께 해결하기 보다는 오히려 아내가 아닌 다른 여자를 찾아서 해소시켰다.[참조. 고전7:1; 6:12-20][64] 그 이유는 당시 아내란 자녀 생산을 위한 목적이지 성적 욕구의 해소나 즐거움을 위한 존재가 아니라는 사고 때문이었다.[65]

이런 상황에서 결혼한 남자의 경우 성욕을 위하여 자기 아내보다도 집안의 여종이나 또는 창녀의 집을 찾았던 것이다. 더욱이 고린도교인들 가운데 남자들은 그리스도인의 자유에 대한 오해가 있어서 아무 거리낌 없이 창녀의 집을 찾아갈 수 있었다.[66] 그래서 바울은 고린도교인들에게 그들의 성적 방종에 대하여 엄중하게 책망과 경고를 하며 다음과 같이 교훈한다.

---

63) 플라실리에르(R. Flaceli re), 심현정 역, 『고대 그리스의 일상생활: 페리클레스 시대』(서울: 우물이 있는 집, 2004), 129-37을 참조하라. 하지만 그리스와 달리 고대 로마에서 여성의 형편이 점점 나아지고 있었고, 이 때 여성해방과 페미니즘의 일들이 나타나기 시작했다. 이와 관련하여 카르코피노(J. Carcopino), 류재화 역, 『고대 로마의 일상생활: 제국 전성기』(서울: 우물이 있는 집, 2003), 173-206을 참조하라.

64) 메클레인(H. Merklein), "'남자는 여자와 관계를 맺지 않는 것이 좋다": 1 고린토 7장의 성관과 바울로', Dautzenberg, 『원시 그리스도교의 여성』, 285-322를 참조하라.

65) A.C. Thiselton, *The First Epistle to the Corinthians*; *A Commentary on the Greek Text* (NIGTC; Carlisle: Paternoster Press, 2000), 498-506을 참조하라.

66) Thiselton, *First Epistle to the Corinthians*, 458-79를 참조하라.

"¹⁵너희 몸이 그리스도의 지체인 줄을 알지 못하느냐 내가 그리스도의 지체를 가지고 창녀의 지체를 만들겠느냐 결코 그럴 수 없느니라 ¹⁶창녀와 합하는 자는 그와 한 몸인 줄을 알지 못하느냐 일렀으되 둘이 한 육체가 된다 하셨나니 ¹⁷주와 합하는 자는 한 영이니라 ¹⁸음행을 피하라 사람이 범하는 죄마다 몸 밖에 있거니와 음행하는 자는 자기 몸에 죄를 범하느니라 ¹⁹너희 몸은 너희가 하나님께로부터 받은 바 너희 가운데 계신 성령의 전인 줄을 알지 못하느냐 너희는 너희 자신의 것이 아니라 ²⁰값으로 산 것이 되었으니 그런즉 너희 몸으로 하나님께 영광을 돌리라."고전6:15-20

바울이 고린도교인들에게 부부의 성생활에 대한 질문에 대답하면서 "서로 분방하지 말라 다만 기도할 틈을 얻기 위하여 합의상 얼마 동안은 하되 다시 합하라"5절라고 교훈한 것은 부부 간의 성적 금욕 기간도 서로 합의해야 한다는 의미이다.67 본문에서 개역개정에 '서로 분방하지 말라' '메 아포스테레이테 알렐루스', μὴ ἀπο στερεῖτε ἀλλήλους 라고 번역한 헬라어 문장을 문자적으로 직역하면 '서로 속이지 말라' 가 된다. 이 문장에 '아포스테레오' ἀποστερέω 동사의 명령형이 사용되었는데, 이 헬라어 동사의 의미는 '훔

---

67) Thiselton, 『고린도전서』, 185-91을 참조하라.

치다, 속이다' 라는 뜻이다.[68] 동일한 헬라어 동사가 사용된 고린도전서 6장 8절, "너희는 불의를 행하고 속이는구나 '아포스테레이테' , ἀποστερεῖτε" 에서 개역개정은 이 동사의 의미를 '속이다' 로 번역에 반영한다.

바울은 부부가 서로의 성적 욕구를 속이지 말고 성적 금욕 기간도 서로 합의하여 결정해야 하는 것을 교훈한다. 바울이 이렇게 명령한 이유는 "너희가 절제 못함으로 말미암아 사탄이 너희를 시험하지 못하게 하려 함이라"[5절]에서 잘 설명된다. 요약하면, 바울의 여성관은 남녀 동등성과 상호존중이 그 근간임을 알 수 있다. 이 사상이 부부의 성생활에 관한 교훈 속에서도 잘 드러난다.

바울이 가르치는 부부의 관계는 에베소서 5:22−33에도 나타난다. 바울은 여기서도 여자가 일방적으로 복종하고 순종하는 것을 가르치지 않는다. 하지만 우리의 오해는 에베소서 5장 22−23절, "[22]아내들이여 자기 남편에게 복종하기를 주께 하듯 하라 [23]이는 남편이 아내의 머리 됨이 그리스도께서 교회의 머리 됨과 같음이니 그가 바로 몸의 구주시니라"에서 남편이 아내의 머리가 되고 남편에게 복종하라는 권면에 초점을 맞추기 때문이다. 분명히 이 두 구절은 남편에 대한 아내의 복종을 가르치고

---

68) BDAG, 121을 보라.

있다. 남편에게 아내가 복종해야 할 이유는 남편이 아내의 머리가 되기 때문이라고 설명하면서 그리스도와 교회의 관계를 제시한다.

하지만 남편에 대한 교훈을 보면 더욱 그 복종과 순종은 강화되고 있다. 에베소서 5장 25절은 "남편들아 아내 사랑하기를 그리스도께서 교회를 사랑하시고 그 교회를 위하여 자신을 주심 같이 하라"라고 남편들에게 자기희생적 순종을 가르친다. 또한 바울은 에베소서 5장 28절에서 "이와 같이 남편들도 자기 아내 사랑하기를 자기 자신과 같이 할지니 자기 아내를 사랑하는 자는 자기를 사랑하는 것이라"라고 교훈한다. 자기 자신을 사랑하라는 것은 그 의미와 강도가 그 어떤 것보다 매우 강력하다. 일반적으로 자기 자신을 혐오하고 미워하는 사람은 병적 증세가 아니라면 결코 찾아 볼 수 없기 때문이다. 아내를 자기의 몸을 위하고 사랑하듯이 아끼고 사랑하라는 것은 복종 이상의 희생과 의무를 강조하는 것이다. 이런 점에서 바울은 부부관계에 대하여 교훈하면서 남녀 동등성과 상호존중을 기본 원칙으로 하고 있다는 것을 확인할 수 있다. 이것을 바울의 "남녀동등성과 상호주의의 원칙"[69]이라고 부르기도 한다.

---

69) 김세윤, 『그리스도가 구속한 여성』(서울: 두란노서원, 2016), 115, 또한 60-74, 114-116을 보라.

요약하면, 바울은 남편과 아내 사이에서 어느 한쪽의 권리만 강조하거나 복종을 요구하지 않는다. 부부의 성생활에서도 남녀의 동등한 권리와 의무를 교훈하며 당시의 잘못된 관행을 지적하며 교훈한다. 부부사이에서 남편과 아내는 성적 욕구를 동등하게 해소할 수 있는 권리가 있다는 것을 가르친다. 당시 남성중심의 유대 사회문화 속에서 바울이 고린도교인들에게 가르친 부부의 성생활에 대한 교훈은 혁명적인 사상이 아닐 수 없다. 에베소서에서 바울이 남편과 아내가 서로 복종하고 사랑하라는 교훈을 그리스도와 교회의 관계로 설명한 것은 남성중심의 유대 사회문화 배경 속에서 이해할 때 매우 놀라운 새로운 사상이다.

3. 교회의 여성 리더십

1) 여성 집사(딤전 3:8-10)

　바울은 여성 집사를 교회의 항존 직분으로 교훈하고 있는가? 한국교회 안에서 '집사'란 소위 '안수집사'라고 부르는 교회 직책을 의미한다. 여성안수를 거부하는 한국개신교 교단에는 여성 목사와 여성 장로가 없듯이 여성 안수집사가 없다. 현재 한국개신교회에서 부르는 '집사'는 소위 '서리집사'로 안수하지 않고 남성과 여성에게 '집사'의 직책을 부여하고 있다. 하지만 이와 같은 '서리집사' 직책은 성경에서 찾아 볼 수 없다.^{참조.} 빌 1:1; 행 6:1-6; 딤전 3:8-10

　　바울이 갈라디아서 3장 26-29절에서 가르친 남녀 동등성과 상호존중의 사상은 당시 여성들이 교회 안에서 남자들과 동등하게 일할 수 있는 사상적 근거를 마련했다. 이런 사상 속에서 여성들은 특별한 제약 없이 교회 안에서 남성들과 함께 공적 예배에서 실천적인 행동을 할 수 있었던 것을 알 수 있다. 바울은 당시 교회 안에서 여성 리더십에 제약을 두지 않은 것처럼 보인다. 바울이 디모데에게 편지하면서 먼저 감독의 자격을 언급한 후^{딤전 3:1-7}, 남성 집사의 자격에 대하여 다음과 같이 교훈한다.

8이와 같이 집사들도 정중하고 일구이언을 하지 아니하고 술에 인박히지 아니하고 더러운 이를 탐하지 아니하고 9깨끗한 양심에 믿음의 비밀을 가진 자라야 할지니 10이에 이 사람들을 먼저 시험하여 보고 그 후에 책망할 것이 없으면 집사의 직분을 맡게 할 것이요. 딤전 3:8-10

하지만 바울은 집사의 자격을 교훈할 때 성차별적으로 교훈하여 남성으로만 제한하지 않았다. 디모데에게 보내는 서신에서 남성 집자의 자격을 논한 후에 곧 이어서 바울은 여성 집사에 대하여 남성 집사의 자격과 동일하게 "여자들도 이와 같이 정숙하고 모함하지 아니하며 절제하며 모든 일에 충성된 자라야 할지니라."딤전 3:11라고 가르친다.

바울이 여성 집사를 언급하면서 사용한 문장의 부사adverb인 '이와 같이' '호사우토스', ὡσαύτως 는 남성 집사의 아내에 대한 자격 조건이 아니라,70 여성 집사의 자격에 대한 조건을 제시한 것으로 이해할 수 있다. 이런 경우 여성 집사의 자격은 남성 집사의 자격 외에 "정숙하고 모함하지 아니하며 절제하며 모든 일에 충성된 자"라는 조건이 더 필요하다는 것을 추가로 명기한 것이

---

70) I.H. Marshall, *The Pastoral Epistles* (ICC; Edinburgh: T&T Clark, 1999), 492-95를 참조하라.

다.[71] 바울이 13절에서 "집사의 직분을 잘한 자들은 아름다운 지위와 그리스도 예수 안에 있는 믿음에 큰 담력을 얻느니라." 라고 말한 것은 남성 집사들에게만 주는 약속이 아니라, 남성과 여성 집사들에게 모두 공통적으로 동등하게 약속하는 것으로 이해할 수 있다.[72]

2) 여성 사역자 뵈뵈와 사도 유니아(롬 16:1-2, 7)

바울은 당시 교회 안에서 여성 리더십을 드러내고 있는 많은 여성 사역자들을 알고 있었다. 바울이 로마서의 편지를 마무리하면서 문안인사의 대상에 포함한 여러 사람들 가운데 여성들을 언급하고 있는 것은 초대교회 여성 리더십과 관련하여 매우 중요한 시사점을 제공한다. 바울은 여성 사역자들을 자신의 편지에서 적극적으로 소개하고 있다.^{참조. 롬 16장} 그 중에 대표적인 인물이 겐그레아 교회의 여성 뵈뵈이다.^{롬 16:1-2}

¹내가 겐그레아 교회의 일꾼으로 있는 우리 자매 뵈뵈를 너희

---

71) 11절의 '호사우토스'(σα τω)에 관한 짧은 논의를 Marshall, *Pastoral Epistles*, 493에서 보라. 11절의 '여성'은 여자 집사들을 의미하는 것이 아니라 집사의 아내들을 의미한다는 견해에 대하여 G.W. Knight III, *The Pastoral Epistles: A Commentary on the Greek Text* (NIGTC; Carlisle: Paternoster Press, 1992), 170-73을 참조하라.

72) Marshall, *Pastoral Epistles*, "13절은 남녀 모두에게 적용될 수 있다"(v. 13 can apply to both men and women. p. 494), 485-497을 참조하라.

에게 추천하노니 ²너희는 주 안에서 성도들의 합당한 예절로
그를 영접하고 무엇이든지 그에게 소용되는 바를 도와 줄지니
이는 그가 여러 사람과 나의 보호자가 되었음이라. 롬16:1-2

여기서 뵈뵈의 교회 직분을 개역개정은 '일꾼'으로 소개
한다.¹절 이 구절의 '일꾼'은 헬라어 '디아코노스' διάκονος를 번역
한 것이다. '디아코노스'란 단어의 의미는 '종' service 또는 '돕는
자', '협력자'로 신약성서에서 사용되었을 때 대부분 '집사'와
'종'으로 번역되었다.⁷³ 바울은 이 단어를 자신과 아볼로고전3:5;
고후3:6에게 사용하며, 두기고엡6:21; 골4:7와 디모데딤전4:6에게도 적
용한다.⁷⁴ 라이트N.T. Wright는 자신의 로마서 주석에서 '디아코노
스'와 관련하여 뵈뵈의 직분이 " '집사'와는 상당히 차이가 있는
여성 교회 직무자로, 특정한 직책에 속했다는 암시"를 준다고
설명한다.⁷⁵

뵈뵈의 사역을 묘사하는 또 다른 헬라어는 '프로스타티
스'. προστάτις로 개역개정은 이 단어를 '보호자'로 번역한다2절 영어 성경가운데
NRSV와 NAB는 이 단어를 benefactor '후원자, 기증자'로 번역한다.

---

73) BDAG, 230-31을 참조하라.
74) 예수는 '디아코노스'를 자신의 사역과 관련하여 사용하면서 자신의 정체성을 '섬기
　　 는 자'로 소개한다(참조. 막10:45; 눅22:27).
75) 라이트(N.T. Wright), 『로마서』(평택: 에클레시아북스, 2014), 641.

'프로스타티스'는 '보호자', '후원자', 등의 의미가 있다.[76] 같은 단어의 동사형이 장로의 직분과 관련하여 사용되었다. 딤전 5:17, "잘 다스리는 장로들은 배나 존경할 자로 알되 말씀과 가르침에 수고하는 이들에게는 더욱 그리할 것이니라."

바울이 뵈뵈의 직분을 소개하면서 '디아코노스'와 '프로스타티스'를 사용한 것은 이 여성이 단순한 일꾼 정도가 아니라, 당시 겐그레아 교회에서 책임 있는 위치의 직분을 맡은 여성이거나 사도와 동일한 사역 또는 사도를 돕는 역할을 맡은 여성으로 간주할 수 있다.[77] 그렇다면 뵈뵈는 여성으로서 겐그레아 교회에서 오늘날 교회의 목사나 장로의 역할을 한 인물로 간주되거나, 적어도 집사의 직책을 맡은 것으로 생각할 수 있다. 참조. 빌1:1 [78]

바울은 그 외에도 여러 여성 사역자들을 로마서에서 소개하는데, 그 중에는 유니아롬 16:7, [79] 루디아행 16:14, 40, 브리스가롬 16:3; 고전 16:19, 등이 있다. 브리스가는 바울의 동역자 아굴라의 아내로서 남편보다 먼저 이름이 소개된 것으로 보아 초대교회의

76) BDAG, 885를 참조하라.
77) 슈라이너(T.R. Schreiner), 배용덕 역, 『로마서』 (서울: 부흥과개혁사), 924-27; 최영실, 『신약성서의 여성들』 (서울: 동연, 2012), 211-25를 참조하라.
78) G. Lohfink, '신약성서 내의 여성 부제(Diakon)', Dautzenberg, 『원시 그리스도교의 여성』, 335-57를 참조하라.
79) 유니아를 바울 이전에 이미 사도의 역할을 한 '여자사도'로 이해하기도 한다. 이와 관련해서 Lohfink, '신약성서 내의 여성 부제', 344-50을 참조하라.

유력한 여성 지도자인 것 같다. 참조. 행 18:18, 롬 16:3, 딤후 4:19 80 바울이 브리스가를 로마서 16장 3절에서 '동역자' '수네르고스', συνεργός로 지칭하는데, 이 단어는 바울과 함께 선교 사역에 힘쓰는 사람을 의미한다.[81] 바울은 빌립보서 4장 2-3절에서 같은 단어를 빌립보 교회의 두 여성 유오디아와 순두게에게 적용한다.

바울이 소개하는 여러 여성 가운데 특별히 로마서 16장 7절, "내 친척이요 나와 함께 갇혔던 안드로니고와 유니아에게 문안하라 그들은 사도들에게 존중히 여겨지고 또한 나보다 먼저 그리스도 안에 있는 자라."에 등장하는 유니아는 여성 리더십과 관련하여 매우 중요한 정보를 제공한다. 바울의 설명에 의하면 유니아는 안드로니고와 함께 바울의 친척으로 함께 감옥에 갇힌 경험이 있다. 안드로니고와 유니아가 남편과 아내 사이처럼 보이지만 남매 사이었을 가능성도 있다.

바울은 안드로니고와 유니아를 소개하면서 '사도들 가운데 좋은 평판을 받은 사람들' οἵτινές εἰσιν ἐπίσημοι ἐν τοῖς ἀποστόλοις.이라고 묘사한다.[82] 이런 점에서 유니아는 여성 사도로서 사도들 가

---

80) P. Lampe, 'Prisca', *ABD*, V. 467-68을 참조하라.

81) BDAG, 969를 보라. '동역자'로 번역된 이 단어의 의미는 함께 일하는 사람으로 동등한 직분이거나 동료로서 조력자를 암시한다.

82) 이 표현을 새번역은 "그들은 사도들에게 좋은 평을 받고 있고"로, 공동번역은 "그들은 사도들 사이에서 평판이 좋은 사람들 … 입니다."라고 번역한다. 모두 두 사람이 사도인 것을 보여준다.

운데 유명한 사람이다.[83] 영어 번역성서 가운데 NRSV와 NAB
는 "they are prominent among the apostles"로, REB는 "who are
eminent among the apostles"로 번역한다. 영어 번역 성서는 두
사람이 모두 '사도들 중 탁월한 자들'이라고 묘사한다. 이런 점
에서 성서본문은 분명히 유니아를 여성 사도로 지칭한다. 람페
P. Lampe는 신약성서에서 유니아가 여성으로 유일하게 '사도'로
호칭된 사람이라고 한다.[84]

유니아는 12세기 또는 13세기까지 주석가들에게 안드로
니고의 아내라고 이해되었다. 하지만 중세를 지나서 종교개혁
시대에 이르러 유니아스라는 남성으로 이해되었다.[85] 유니아를
남성으로 이해하고 해석하는 일에 일조한 사람이 종교개혁자로
알려진 마틴 루터이다.[86] 이런 "해석은 바울이 이 사람^{유니아}을
사도로 제시하고 있다는 점에 주목한다. 즉 이 해석은 여성은 사
도가 될 수 없다는 인식에 바탕을 두고 있다."[87]

하지만 유니아를 초대교회의 최초 여성 사도로 분명하게
인식할 수 있게 만든 매우 중요한 연구결과물이 성서본문비평

---

83) Wright, 『로마서』, 643을 보라.
84) P. Lampe, 'Junias', ABD, III. 1127을 보라.
85) 김동수, 『로마서 주석』, (대전: 엘도론, 2013), 981-83: Schreiner, 『로마서』, 935-
   37을 참조하라.
86) M. Luther, *Lectures on Romans*. *Luther's Works 25*. H.C. Oswald ed. (St. Louis:
   Concordia, 1972), 129를 보라.
87) 김동수, 『로마서 주석』, 982.

학자인 엘던 앱Eldon J. Epp에 의하여 2005년에 출판되었다. 그의 책 *Junia: The First Woman Apostle* 「유니아: 최초 여성 사도」에서 앱은 마틴 루터를 비롯하여 여러 학자들이 선호한 유니아에 대한 남성형 독법 제안을 본문비평학적으로 자세히 연구 검토한 후 여성형으로 판독하는 것이 가장 적절한 해석임을 입증한 것이다.[88]

요약하면, 바울의 여성관은 당시 그를 둘러싸고 있는 남성 중심의 가부장 제도의 사회와 문화의 환경과 사상에서 자유로울 수 없었다. 하지만 바울은 그런 상황 속에서도 시대를 거슬러 그리스도 안에서 남성과 여성의 동등성과 상호존중을 선언하고 가르친다. 더욱이 실천의 현장에서 바울은 여성 리더십에 전혀 제약을 두지 않았던 것을 알 수 있다. 그 실제 사례를 겐그레아 교회의 여성 사역자 뵈뵈와 최초 여성 사도인 유니아를 통해서 분명히 확인할 수 있다.

3) 기도와 예언을 하는 여성 사역자(고전 11:2-16)

²너희가 모든 일에 나를 기억하고 또 내가 너희에게 전하여 준 대로 그 전통을 너희가 지키므로 너희를 칭찬하노라 ³그러나

---

88) E.J. Epp, *Junia: The First Woman Apostle* (Minneapolis: Fortress Press, 2005), 21-64를 참조하라.

나는 너희가 알기를 원하노니 각 남자의 머리는 그리스도요 여자의 머리는 남자요 그리스도의 머리는 하나님이시라 [4]무릇 남자로서 머리에 무엇을 쓰고 기도나 예언을 하는 자는 그 머리를 욕되게 하는 것이요 [5]무릇 여자로서 머리에 쓴 것을 벗고 기도나 예언을 하는 자는 그 머리를 욕되게 하는 것이니 이는 머리를 민 것과 다름이 없음이라 [6]만일 여자가 머리를 가리지 않거든 깎을 것이요 만일 깎거나 미는 것이 여자에게 부끄러움이 되거든 가릴지니라 [7]남자는 하나님의 형상과 영광이니 그 머리를 마땅히 가리지 않거니와 여자는 남자의 영광이니라 [8] 남자가 여자에게서 난 것이 아니요 여자가 남자에게서 났으며 [9]또 남자가 여자를 위하여 지음을 받지 아니하고 여자가 남자를 위하여 지음을 받은 것이니 [10]그러므로 여자는 천사들로 말미암아 권세 아래에 있는 표를 그 머리 위에 둘지니라 [11]그러나 주 안에는 남자 없이 여자만 있지 않고 여자 없이 남자만 있지 아니하니라 [12]이는 여자가 남자에게서 난 것 같이 남자도 여자로 말미암아 났음이라 그리고 모든 것은 하나님에게서 났느니라 [13]너희는 스스로 판단하라 여자가 머리를 가리지 않고 하나님께 기도하는 것이 마땅하냐 [14]만일 남자에게 긴 머리가 있으면 자기에게 부끄러움이 되는 것을 본성이 너희에게 가르치지 아니하느냐 [15]만일 여자가 긴 머리가 있으면 자기에게 영광이 되나니 긴 머리는 가리는 것을 대신하여 주셨기 때문이니라 16 논쟁하려는 생각을 가진 자가 있을지라도 우리에게나 하나님의 모든 개신교에는 이런 관례가 없느니라.

먼저 앞에서도 언급했지만 고린도전서 11장 2-16절은 고린도교회 성도들이 질문한 우상의 제물을 먹는 문제에 답변하면서 주어진 공적 예배에 대한 가르침의 시작이다. 우상의 제물을 먹는 문제는 고린도전서 8장 1절에서 시작하여 11장 1절까지 계속된다. 고린도전서 11장 2-16절은 보다 넓은 구조인 고린도전서 11장 2절에서 14장 40절의 문맥 속에 위치한다. 이 전체 구조에서 핵심 주제는 공적 예배에서 덕을 세우며 질서 유지를 위하여 서로 존중하라는 것이다.[89] 바울은 고린도전서 11장 2-16절에서 공적 예배에 참여하여 여성들이 기도하고 예언하는 일에 대하여 교훈하면서 여성들이 머리를 가리고 기도하고 예언할 것을 가르치고 있다.

이 본문에 대한 사본의 문제는 심각하지 않다. 다만 바울이 여성을 남성에 비교하여 열등하게 묘사한 것인지를 확인할 필요가 있다. 바울이 이런 교훈을 고린도교회 성도들에게 말해야 하는 배경이 무엇인지도 조사해야 한다. 바울 교훈의 핵심은

89) Thiselton, 『고린도전서』, 302-14를 보라.

공적 예배 중에 기도와 예언을 하는 문제이며, 특히 여성의 경우 머리를 가리고 해야 한다는 것을 가르치고 있다. 바울은 권면에 앞서 먼저 고린도교인들이 교회의 전통을 잘 지키고 있는 것을 칭찬하고 있다.^{고전 11:2} 하지만 이어지는 내용은 칭찬이 아니라 책망에 가깝다.

3절에서 바울은 "각 남자의 머리는 그리스도요 여자의 머리는 남자요 그리스도의 머리는 하나님이시라"라고 시작한다. 그리고 이어지는 바울의 권면은 머리를 가리는 문제와 관련이 있는 것을 알 수 있다.

> ⁴무릇 남자로서 머리에 무엇을 쓰고 기도나 예언을 하는 자는 그 머리를 욕되게 하는 것이요 ⁵무릇 여자로서 머리에 쓴 것을 벗고 기도나 예언을 하는 자는 그 머리를 욕되게 하는 것이니 이는 머리를 민 것과 다름이 없음이라 ⁶만일 여자가 머리를 가리지 않거든 깎을 것이요 만일 깎거나 미는 것이 여자에게 부끄러움이 되거든 가릴지니라. ⁷남자는 하나님의 형상과 영광이니 그 머리를 마땅히 가리지 않거니와 여자는 남자의 영광이니라 ^{고전 11:4-7}

바울이 전통을 지키는 고린도교인들을 칭찬 한 후에 그들의 문제점으로 지적하고 있는 것은 공적 예배에서 남성과 여성의 복장과 머리를 가리는 문제인 것을 알 수 있다.[90] 물론 그 내용이 무엇인지 구체적으로 알 수는 없다.[91] 더욱이 머리를 가리는 것이 무엇인지 불분명하다. 바울이 먼저 문제를 제기한 것은 여성이 아니라, 남성의 복장과 머리를 가리는 문제와 관련된 것임을 4절에서 짐작할 수 있다. 당시 공적 예배에서 남성이 머리에 무엇을 쓰고 기도나 예언을 했던 것을 암시한다. 바울은 남성의 그런 복장과 행위가 그 머리를 수치스럽게 하는 것이라고 지적한다.

　이어서 바울은 5절에서 여성의 복장과 머리를 가리지 않는 문제점을 지적한다. 여성이 공적 예배에서 머리를 가리지 않고 기도나 예언 하는 것은 역시 그 머리를 수치스럽게 하는 것이라고 지적한다.[92] 이어지는 6절에서도 계속해서 여성이 머리를 가리지 않고 기도하고 예언하는 문제를 다루고 있다. 당시 고린도교회 안에 공적 예배 중에 여성이 기도나 예언을 하면서 머리를

---

90) 아직까지 영국에서는 특정 골프장을 출입하거나 사회의 특정 모임에 참석할 때 그 골프장이나 모임에서 복장 규정(dressing code)을 공지하고 모든 참석자들이 이 규정을 지키도록 안내한다. 이 복장 규정을 지키지 않으면 출입할 수 없다.

91) Thiselton, *First Epistle to the Corinthians*, 822–23을 보라.

92) 바울이 이 단락에서 '머리'로 번역된 헬라어 '케팔레'(κεφαλή)를 계속 사용하고 있다. 하지만 '케팔레'는 "머리", "기원", "근원"을 모두 의미할 수 있다. 이 문제와 관련하여 논란은 아직도 계속되고 있다. BDAG, 540–41; Thiselton, *First Epistle to the Corinthians*, 812–22를 참조하라.

가리지 않았던 것을 짐작할 수 있다. 하지만 7절은 다시 남성에게 초점을 맞추어 남성은 하나님의 형상과 영광이니 그 머리를 마땅히 가리지 않는다고 권면한다. 7절은 4절에서 남성에게 교훈한 내용을 반복하고 있다. 그렇다면 당시 공적 예배에서 복장과 함께 머리를 가리는 문제는 남성이나 여성이나 모두 같은 문제였던 것을 짐작할 수 있다.[93]

먼저 기억할 것은 바울이 공적 예배에서 남녀의 복장과 머리를 가리는 문제에 대하여 여성에게만 권면한 것이 아니라, 남녀 모두 동등하게 권면하고 있는 점이다. 이런 점에서 바울의 권면은 여성 차별의 흔적을 찾기 어렵다. 이미 바울은 갈라디아서 3장 26-29절에서 그리스도 예수 안에서 남녀의 차별이 없다고 선언했다. 당시 "고린도교회에는 남성과 여성 예언자들이 있었고, 남성과 여성이 모두 예배 인도자로 참여했다."[94]는 설명은 본문을 이해하는데 도움을 준다. 이것은 당시 고린도교회 안에 여성과 남성이 같은 사역을 감당하고 있었다는 것을 암시한다. 더욱이 고린도교회에 여성 예언자들이 있었다는 것은 이 여성들이 공적 기능을 공개적으로 수행하고 있었다는 의미이다.

당시 여성들이 머리를 가린다는 것이 무엇인지 정확하게

---

93) Bailey, 『지중해의 눈으로 본 바울』, 451-54를 참조하라.
94) Bailey, 『지중해의 눈으로 본 바울』, 451.

알기는 어렵다. 하지만 당시 여인들이 머리를 풀어헤치지 않고 단정히 묶고 품위 있게 단장하는 것은 실용적인 문제 뿐 아니라 사회의 상징성을 갖는 문제이기도 하다. 결혼한 여인이나 단정한 여성은 길거리의 여성들처럼 머리를 풀어헤치고 다니지 않는다. 더욱이 남편이 있는 결혼한 여성은 머리를 가려서 품위를 유지하였다.

바울은 머리를 가리는 문제와 함께 8–9절에서 남녀의 우선순위 또는 위계질서에 관하여 권면하는 것처럼 보인다.

> [8]남자가 여자에게서 난 것이 아니요 여자가 남자에게서 났으며 [9]또 남자가 여자를 위하여 지음을 받지 아니하고 여자가 남자를 위하여 지음을 받은 것이니 [10]그러므로 여자는 천사들로 말미암아 권세 아래에 있는 표를 그 머리 위에 둘지니라. 고전 11:8-10

바울은 이 구절에서 남녀의 위계질서를 논하면서 창조질서에 의존하고 있는 것처럼 보인다. 특히 7절에서 이미 "하나님의 형상"을 언급할 때 바울은 창세기의 창조기사 창 1:26-27; 2:20-25를 생각하고 있었던 것이 틀림없다. 이 권면의 결론으로 제시하는 것은 10절에서 "그러므로 여자는 천사들로 말미암아 권세 아래에 있는 표를 그 머리 위에 둘지니라."이다. 이 구절을 해석하면서 티슬턴은 모나 후커^{Monar Hooker}의 해석을 아래와 같이 소개한다.

> 전통적으로 주후 3세기 혹은 4세기로부터 오늘날까지 대부분의 해석자는 10절에 나타난 자아의 외적 표현이 권위 혹은 통제의 표식, 표시, 혹은 상징이라고 주장해왔다. … 모나 후커는 권세 아래 있는 표를 여성이 소유한 권위로 보는 것이 옳을 것이라는 제안을 내놓았다. 즉, 너울 혹은 두건을 쓰는 것은 예언을 할 수 있도록 주어진 능력 혹은 권위를 표시했다는 것이다.[95]

바울은 공적 예배에서 여성이 기도나 예언을 할 때 머리를 가리고 할 것을 가르친다. 하지만 이것이 남성과 여성의 차별을 고려하여 말하고 있는 성차별적인 권면이 아님을 다시 11-12절에서 가르친다.

"¹¹그러나 주 안에는 남자 없이 여자만 있지 않고 여자 없이 남

---

95) Thiselton, 『고린도전서』, 311-12. Thiselton, *First Epistle to the Corinthians*, 837-41을 참조하라.

자만 있지 아니하니라 ¹²이는 여자가 남자에게서 난 것 같이 남자도 여자로 말미암아 났음이라 그리고 모든 것은 하나님에게서 났느니라." 고전11:11-12

바울은 주 안에서 "남자 없이 여자만 있지 않고 여자 없이 남자만 있지 아니하다"라고 교훈하면서 갈라디아서 3장 26-29절의 원리를 다시 제시한다. 더욱이 12절에서 남녀의 위계질서는 서로 동등하다는 것을 다시 강조한다. 하지만 바울이 여성에게 기도나 예언을 할 때 머리를 가리고 할 것을 13-15절에서 다시 가르친다. 바울은 2절에서 칭찬한 당시 전통과 사회관습을 13-15절에서 다시 언급하고 있다. 바울이 강조하는 것은 창조의 질서와 사회와 종교의 관습 및 예의범절이다.

¹³너희는 스스로 판단하라 여자가 머리를 가리지 않고 하나님께 기도하는 것이 마땅하냐 ¹⁴만일 남자에게 긴 머리가 있으면 자기에게 부끄러움이 되는 것을 본성이 너희에게 가르치지 아니하느냐 ¹⁵만일 여자가 긴 머리가 있으면 자기에게 영광이 되나니 긴 머리는 가리는 것을 대신하여 주셨기 때문이니라 고전 11:13-15

바울의 결론은 16절에 "논쟁하려는 생각을 가진 자가 있을지라도 우리에게나 하나님의 모든 교회에는 이런 관례가 없느니라."라고 끝맺는다. 바울은 당시 사회 문화와 종교의 관습을 고린도교회도 예외 없이 지키도록 강력하게 교훈한다. 바울은 여성이 기도나 예언을 할 때 머리를 가리고 할 것을 가르쳤지만, 공적 예배에서 여성이 기도하고 예언하는 것을 금지시킨 것은 아니다.

특히 본문에 등장하는 "예언"에 대하여 티슬턴은 이것이 즉흥적이고 자발적인 신탁으로만 제한 할 수 없고 오늘날의 설교나 복음을 가르치는 것을 포함할 수 있다고 주장한다.[96] 그렇다면 고린도교회의 여성 예언자는 오늘날 공적예배에서 설교 행위로 이해할 수 있다. 이런 점에서 고린도교회의 공적예배에서 예언하는 여성은 여성사역자로 대중을 향하여 설교의 메시지를 전한 것으로 이해할 수 있다. 바울은 고린도교회 안에서 여성이 기도하거나 예언하는 것을 금지 시킨 것이 아니라, 공적 예배를 인도할 때 교회의 질서를 위하여 복장 규정을 따르라고 교훈한 것이다. 공적 예배의 질서와 관련하여 바울은 고린도전서 14장 33b-35절에서 다시 교훈한다.

---

96) Thiselton, *First Epistle to the Corinthians*, 826, 828, 1087-94를 참조하라.

4) 공적 예배의 질서(고전 14:33b-35)

33b모든 성도가 교회에서 함과 같이 34여자는 교회에서 잠잠하
라 그들에게는 말하는 것을 허락함이 없나니 율법에 이른 것
같이 오직 복종할 것이요 35만일 무엇을 배우려거든 집에서 자
기 남편에게 물을지니 여자가 교회에서 말하는 것은 부끄러운
것이라. 고전14:33b-35

본문을 이해하기 위하여 먼저 사본 문제가 제기되고 있어
서 그것을 살펴보고, 여성 리더십 즉, 여성 안수 주제와 관련하
여 다음 질문에 초점을 맞출 것이다. 첫째, 34-35절은 바울 이
후에 삽입된 것으로 바울 저작권을 인정할 수 없는 것인가? 둘
째, 이 단락에서 여성의 침묵과 질문에 대한 바울 교훈의 핵심
사상은 무엇인가? 셋째, 본문은 여성 안수를 부정적으로 교훈
하는 증거 구절 가운데 하나인가?

(1) 고린도전서 14장 34-35절의 사본 문제
본문 이해를 위하여 먼저 34-35절의 사본과 관련된 문제
를 살펴보자. 어떤 사본에 이 두 구절은 고린도전서 14장 40절

의 뒤에 배치되어 있다.[97] 더욱이 본문의 사상이 고린도전서 11장 2-16절의 교훈과 배치되며, 34-35절이 바울이 제기하는 논증의 흐름을 방해한다고 주장하면서 이 구절들을 후대의 삽입으로 이해한다. 그래서 많은 학자들이 이 두 구절에 대한 바울 저작권을 의심하며 본문이 현재 위치에 잘못 삽입되었다고 주장한다.[98] 이런 주장을 하는 대표적인 학자는 피[G.D. Fee][99]와 김세윤 박사이다.[100]

학자들이 이 두 구절을 삽입으로 보며 바울의 저작권을 의

---

97) 헬라어 성서 Nestle-Aland 28판의 비평주석을 보면 이런 현상이 주로 서방 본문 유형에 속한 D, F, G, 88, 등의 사본에 나타나는 것을 알 수 있다.

98) 예를 들면, R.W. Allison, '"Let the Women Be Silent in the Churches"(1 Cor 14:33b-36): What Did Paul Really Say, and What Did It Mean?', JSNT 32 (1988), 27-60; S.C. Barton, 'Paul's Sense of Place: An Anthropological Approach to Community Formation in Corinth', NTS 32 (1986), 225-46; C. Niccum, 'The Voice of the Manuscripts on the Silence of Women: The External Evidence for 1 Cor. 14:34-5', NTS 43 (1997), 242-55; P.B. Payne, "Fuldensis, Sigla for Variants in Vaticanus, and 1 Cor. 14.34-5', NTS 41 (1995), 240-62; idem., 'Ms. 88 as Evidence for a Text without 1 Cor 14.34-5' NTS 44 (1998), 152-58; A.C. Wire, The Corinthian Women Prophets (Minneapolis: Fortress Press, 1990), 149-58; B. Witherington, Conflict and Community in Corinth (Grand Rapids: Eerdmans, 1995); G.D. Fee, The First Epistle to the Corinthians (NICNT; Grand Rapids: Eerdmans, rev. edn, 2014), 780-81; 헤이즈(R.B. Hays), 『고린도전서』 (서울: 한국장로교출판사, 2006), 402-407; J. E. Miller, 'Some Observations on the Text-Critical Function of the Umlauts in Vaticanus, with Special Attention to 1 Corinthians 14.34', JSNT 26 (2003), 217-36를 참조하라. 본문의 삽입설과 관련하여 보다 자세한 참고문헌을 Thiselton, First Epistle to the Corinthians, 1146-47에서 참조하라.

99) Fee, First Epistle to the Corinthians, 780-81을 보라.

100) 김세윤 박사가 강의한 대중 강연을 책으로 출판한 내용에서 그의 주장을 간략하게 엿볼 수 있다. 김세윤, 『그리스도가 구속한 여성』, 106-116을 보라.

심하는 이유를 티슬턴A.C. Thiselton은 다음과 같이 요약한다.

이 구절들은 12-14장의 중심 주제와 맞지 않는다. 이 구절들
은 예언에 관한 논증의 흐름을 끊어 놓는다. 이 구절들은 고
린도전서 11:5 ('무릇 여자로서 머리에 쓴 것을 벗고 기도나 예언
을 하는 자는 그 머리를 욕되게 하는 것이니 이는 머리를 민 것과 다
름이 없음이라')과 충돌한다. 이 구절들은 법적 규칙에 호소한
다. 소수의 후대 사본에서는 이 구절(들)이 40절 이후에 위치한
다.101

아마도 고린도전서 34-35절을 바울의 것으로 수용하지 않
고 후대에 삽입된 것으로 이해하려는 이런 시각은 이 본문이 40
절 이후에 나타나는 소수의 사본들이 있기 때문으로 추정할 수
있다.102 하지만 본문을 바울의 저작으로 인정하며 현재 본문의
위치를 수용하는 학자들도 많다. 그 대표적인 학자가 티슬턴,
키암파R.E. Ciampa와 로스너B.S. Rosner, 콜린스R.F. Collins 등이다.103

---

101) Thiselton, 『고린도전서』, 445. 인용한 부분에서 "이 구절들"은 34-35절만을 의미
한다.

102) 메츠거(B.M. Metzger), 장동수 역, 『신약 그리스어 본문 주석 2판』(서울: 대한성
서공회 성경원문연구소, 2005), 484-85를 보라.

103) Thiselton, *First Epistle to the Corinthians*, 1146-1150; R.C. Ciampa and B.S.
Rosner, *The First Letter to the Corinthians* (PNTC; Grand Rapids: Eerdmans,
2010), 718-19; R.F. Collins, *First Corinthians* (Sacra Pagina 7; Collegeville:

두 구절을 바울이 기록한 것으로 보지 않고 후대에 삽입 된 것으로 보려는 것은 사본 문제와 함께 현대의 문학비평적인 방법을 1세기 문서에 적용하려는 방법론적 문제이기도 하다. 하지만 우리는 이 본문을 현재의 문맥에 처음부터 위치한 것으로 이해하고 논의를 계속할 것이다.[104]

(2) 여성의 침묵과 질문

본문^{고전 14:33b-35}에서 가르치는 바울의 핵심 사상을 이해하기 위하여 보다 넓은 문맥 안에서 본문의 가르침을 살펴볼 필요가 있다. 이 단락은 고린도전서 11장 2절에서 14장 40절까지의 넓은 문맥 속에 위치하고 있으며, 그 주제는 공적 예배와 관련된 질서 문제와 은사의 사용과 깊이 관련이 있다. 특히 고린도전서 14장은 교회에서 공적예배 때에 방언으로 말하는 것과 예언을 말하는 것에 대한 교훈이다. 이런 공적 예배라는 주제와 관련하여 본문의 의미를 살펴보자.

첫째, "여자는 교회에서 잠잠하라'하이 귀나이케스 엔 타이스 에클레시아이스 시가토산' αἱ γυναῖκες ἐν ταῖς ἐκκλησίαις σιγάτωσαν 그들에게는 말하는 것

Liturgical Press, 1999), 520-22를 보라.

104) 소수의 사본을 제외하고 고린도전서가 포함된 사본들 가운데 본문이 누락된 사본을 발견하기 어렵다. Collins, *First Corinthians*, 520, 'The manuscript tradition does not ⋯ provide any indication that the text of 1 Corinthians ever existed without this clause(34-35 vv.)'.

을 허락함이 없나니 율법에 이른 것 같이 오직 복종할 것이요"³⁴
절에서 바울은 교회 안에서 여성에게만 침묵을 명령하고 있는 것
인가?

　　본문 34절에 사용된 "교회에서 잠잠하라" '엔 타이스 에클레시아이스
시가토산', ἐν ταῖς ἐκκλησίαις σιγάτωσαν는 가르침은 이미 앞에서 바울이 사
용한 표현이다. 바울이 "여자는 교회에서 잠잠하라"라고 명령
한 것은 33b절 "모든 성도가 교회에서 함과 같이"과 긴밀하게 연
결되는 구절이다. 이것은 앞에서 주어진 남성들에게 침묵의 명
령을 한 것과 같은 맥락에서 주어진 것이다. 특히 33b절 "모든
성도가 교회에서 함과 같이"에 사용된 부사 "함과 같이" '호스', ὡς
는 앞 단락에서 남성들에게 공적 예배 때에 질서를 지켜 잠잠하
라고 한 것처럼 여성들에게도 교회에서 잠잠하라고 명령한 것
임을 알 수 있다.

　　먼저 34절 앞의 문맥인 20-33a절의 단락을 살펴보면, 바
울은 먼저 공적 예배에서 방언으로 말하는 남성들에게 교훈하
면서 만일 남성들이 방언을 말할 때 두 사람 또는 많아야 세 사람
이 차례로 말해야 하며, 한 사람은 방언을 통역해야 한다고 가
르친다. ²⁷절 만일 통역할 사람이 없으면 자신과 하나님께만 말하
고, "교회에서는 잠잠하라" '시가토 엔 에클레시아', σιγάτω ἐν ἐκκλησίᾳ고 교

훈한다.[28절][105] 또한 바울은 교회에서 예언하는 자는 둘이나 셋이나 말하고 다른 이들은 분별하라고 가르친다.[29절]

29절의 "예언하는 자" '프로페타이', προφῆται는 남성복수 명사로 예언하는 자들이 남성임을 암시한다. 만일 곁에 앉아 있는 다른 이에게 계시가 있으면 먼저 예언 하던 자는 잠잠하라 '호 프로토스 시가토', ὁ πρῶτος σιγάτω고 교훈한다.[30절][106] 30절에서 교회란 표현이 '잠잠하라' '시가오', σιγάω라는 동사와 함께 나타나지 않지만, 문맥상 이 명령은 교회 안에서 '잠잠하라'는 명령인 것을 문맥에서 알 수 있다. 바울이 예언하는 자에게 잠잠하라고 한 이유는 31-33a에서 찾을 수 있다.

> "[31]너희는 다 모든 사람으로 배우게 하고 모든 사람으로 권면을 받게 하기 위하여 하나씩 하나씩 예언할 수 있느니라 [32]예언하는 자들의 영은 예언하는 자들에게 제재를 받나니 [33a]하나님은 무질서의 하나님이 아니시요 오직 화평의 하나님이시니라." 고전 14:31-33a

---

105) 28절에서 "통역하는 자"('디에르메뉴테스', διερμηνευτής)는 남성단수명사로 통역자가 남성임을 암시한다.
106) 본문 29절에서 "예언하는 자들"('프로페타이', προφῆται)은 남성복수명사로 예언하는 자들이 남성임을 알 수 있지만, 30절에서 "다른 사람 '으로 표현된 예언 하는 자는 성의 구별이 모호하여, 남성일 수도 있고 여성일 수도 있다.

요약하면, 바울이 이미 공적 예배와 관련하여 28절, 30절에 각각 사용한 헬라어 동사 '시가오' σιγάω를 34절에서 다시 사용하여 "여자는 교회에서 잠잠하라"라고 명령한 것은 교회의 공적 예배에서 여성들에게만 침묵을 강제하려는 의도가 아닌 것을 알 수 있다. 바울은 공적 예배에서 남성과 여성이 모두 질서 있고 덕을 세우기 위하여 침묵해야 할 때가 있다는 것을 가르친 것이다. 바울의 교훈은 "그런즉 형제들아 어찌할까 너희가 모일 때에 각각 찬송시도 있으며 가르치는 말씀도 있으며 계시도 있으며 방언도 있으며 통역함도 있나니 모든 것을 덕을 세우기 위하여 하라"26절는 예배를 위한 대전제 속에서 주어진 침묵 명령이다. 그러므로 바울이 "여자는 교회에서 잠잠하라."라고 명령한 것은 결코 성차별적으로 여성에게만 주어진 명령이 아니다.

둘째, 34절의 "그들에게는 말하는 것을 허락함이 없나니 율법에 이른 것 같이 오직 복종할 것이요"는 무엇을 의미하는가?

본문에서 "그들"은 여성들을 의미한다. 그렇다면 바울이 언급한 여성들이 "말하는 것" '랄레인', λαλεῖν은 무언인가? 더욱이 여성들이 말하는 것을 허락하지 않았다고 하면서 이것은 율법이 가르치는 교훈에 복종하는 것이라고 말한다. 34절의 "말하는 것"은 35절 "만일 무엇을 배우려거든 집에서 자기 남편에게 물을지니 여자가 교회에서 '말하는 것' '랄레인', λαλεῖν은 부끄러운 것이라"에서 동일한 표현이 다시 등장한다. 그런데 이 때 '말하는 것' 은 여자가 "교회에서 말하는 것"을 의미한다. 여자가 "교회에서 말하는 것"은 35절, "만일 무엇을 배우려거든 집에서 자기 남편에게 물을지니 여자가 교회에서 말하는 것은 부끄러운 것이라"에 의하면 여성이 무엇을 배우기 위하여 질문하는 것을 의미한다.

바울은 여성이 무엇을 배우려면 집에서 자기 남편에게 질문하여 배우라고 가르친다. 그렇다면 바울이 이렇게 말한 배경을 이해하기 위하여 당시 공적 예배의 상황을 이해할 필요가 있다. 고린도교회 안에 특별한 여성이 있었는데 그들은 의문이 생겼을 때 집에서 질문할 수 있는 남편들이 있는 사람들이다. 이 여성은 공적 예배 시간에 누가 방언을 하거나 예언을 하면 그 예언이나 방언이 하나님께로부터 온 것인지 의심하며 자신이 알고 있는 것을 다른 남자들에게 질문하여 예배의 질서를 무너지게 하는 상황이 있었던 것을 짐작할 수 있다. 또한 자신에게도 예언이 임했다고 생각하여 말하려고 하는 여자도 있었던 것으로 이해할 수 있다. 그래서 바울은 이런 여성에게 먼저 집에서 남편에게 질문할 것을 명령한 것이다.[107] 바울은 이들을 향하여 수사적 질문을 하며 권면하고 있다.

> [36]하나님의 말씀이 너희로부터 난 것이냐 또는 너희에게만 임한 것이냐 [37]만일 누구든지 자기를 선지자나 혹은 신령한 자로 생각하거든 내가 너희에게 편지하는 이 글이 주의 명령인 줄 알라 [38]만일 누구든지 알지 못하면 그는 알지 못한 자니라. 고전 14:36-38

바울이 기대하는 것은 고린도교회 안에서 남성이나 여성이 모두 공적 예배의 질서를 유지하며 덕을 세우는 것이다. 공적 예배 시간에 방언도 할 수 있고, 예언도 할 수 있지만 질서 있고 품위 있게 하라고 권면하는 것이다. 바울은 "그런즉 내 형제들아 예언하기를 사모하며 방언 말하기를 금하지 말라 모든 것을 품위 있게 하고 질서 있게 하라"[39-40절]고 권면한 것이다.

그렇다면 본문은 고린도전서 11장 2-16절의 가르침과 갈등을 일으키는가? 본문을 보다 넓은 문맥인 고린도전서 11장 2절에서 14장 40절까지 문맥 속에서 살펴보자. 바울은 먼저 공적

---

107) B. Witherington III, *Conflict and Community in Corinth: A Socio-Rhetorical Commentary on 1 and 2 Corinthians* (Grand Rapids: Eerdmans, 1995), 274-90을 참조하라.

예배에서 여성들이 기도하고 예언하는 문제를 당시 종교문화의 관습과 관련해서 교훈한다.^{고전11:2-16} 마찬가지로 바울은 고린도 전서 14장 33b-35절에서도 공적 예배와 관련하여 "여자는 교회 에서 잠잠하라"^{34절}고 명령한 것이다. 이것은 교회에서 공적 예 배로 모일 때 여성에게 침묵을 명령한 것이 아니라, 공적 예배의 질서를 위하여 남자들이 교회에서 침묵하는 것처럼 여자도 침 묵하는 법을 배워야 한다는 의미이다.^{참조. 14:25-40} 그러므로 바울 이 고린도전서 11장 2-16절에서 가르친 교훈과 본문은 갈등을 일으키지 않는다.

　　마지막으로 본문은 교회 안에서 여성의 발언권을 금지시 킨 바울의 교훈으로 여성 안수에 대하여 부정적인 입장을 보여 준 증거구절인가? 본문에서 바울이 의도한 가르침의 핵심은 교 회의 공적 예배에서 질서의 문제이지, 여성 리더십에 관한 문제 가 아니다. 바울이 고린도전서 11장 2절에서 14장 40절까지 단 락에서 가장 중요하게 가르치고 있는 것은 공적 예배에서 질서 와 화평, 덕을 세움이다. 방언과 예언의 은사, 등 모든 은사도 질서와 화평을 무너뜨릴 수는 없다. 즉, 어떤 경우이든 공적 예 배에서 질서가 중요함을 교훈한다.

　　그렇다면 바울의 관심은 여성 리더십과 관련된 여성 안수 문제를 고려하여 여자들이 교회에서 침묵할 것을 가르친 것이 결코 아니다. 바울은 본문에서 명시적으로 교회의 여성 리더십을 부정하며 여성 안수를 금지시키지 않았다. 하지만 반대로 바울은 여성 리더십에 대하여 적극적으로 권면하지도 않았고 명시적으로 여성안수를 언급하지 않았다. 분명한 것은 고린도전서 11장 2–16절에서 바울이 여성의 기도와 예언을 금지시키지 않는 것을 고려할 때, 당시 교회에서 여성과 관련하여 여러 가지 문제가 있었지만 여성 리더십에 대하여 부정적인 입장을 취하고 있지 않았음을 알 수 있다.

5) 여성 리더십(딤전 2:11-15)

11여자는 일체 순종함으로 조용히 배우라 12여자가 가르치는 것과 남자를 주관하는 것을 허락하지 아니하노니 오직 조용할지니라 13이는 아담이 먼저 지음을 받고 하와가 그 후며 14아담이 속은 것이 아니고 여자가 속아 죄에 빠졌음이라 15그러나 여자들이 만일 정숙함으로써 믿음과 사랑과 거룩함에 거하면 그의 해산함으로 구원을 얻으리라. 딤전 2:11-15

이 본문은 여성 리더십을 부정하는데 자주 등장하는 본문이다. 특히 12절의 교훈인 "여자가 가르치는 것과 남자를 주관하는 것을 허락하지 않는다."는 바울의 교훈은 문자 그대로 여성 안수를 하지 말라는 근거로 제기된다. 본문에서 여성에게 "조용히 배우라"11절, "오직 조용할니라"12절, "정숙함"15절은 무엇을 의미하는가? 바울은 왜 여자들이 가르치는 것과 남자를 주관하는 것을 금지시켰는가? 여성이 가르치는 것과 남자를 주관하는 것의 의미는 무엇인가?

본문을 논하기 전에 먼저 디모데전서의 바울 저작권에 대한 문제가 있다. 하지만 이 논제와 이 글에서 다루는 여성 리더십이 서로 밀접한 관련이 없어서 논의는 생략한 채 바울의 서신으로 간주하고 논의를 진행 할 것이다.[108] 본문의 석의와 관련하여 보다 넓은 문맥인 디모데전서 2장 8-10절을 이해할 필요가 있다.

> 8그러므로 각처에서 남자들이 분노와 다툼이 없이 거룩한 손을 들어 기도하기를 원하노라 9또 이와 같이 여자들도 단정하게 옷을 입으며 소박함과 정절로써 자기를 단장하고 땋은 머리와 금이나 진주나 값진 옷으로 하지 말고 10오직 선행으로 하기를 원하노라 이것이 하나님을 경외한다 하는 자들에게 마땅한

---

108) 목회서신(디모데전후서와 디도서)의 저작권에 대한 자세한 논의는 Guthrie, 『신약서론』, 547-86; Marshall, 『서신서와 요한계시록』, 295-99, 371-75를 보라.

것이니라. _{딤전 2:8-10}

우리가 다루는 디모데전서 2장 11-15절은 앞 단락인 8-10절과 밀접하게 연결되어 있다. 디모데전서 2장 8절은 1절에서 시작되었고, 2장 1-7절의 내용을 받아서 "그러므로"라고 연결하며 결론적인 내용을 말하고 있다. 디모데전서 2장 8절은 공적 예배에서 남성에게 주는 교훈이며, 이 때 "기도"는 2장 1절의 내용을 의미한다. 디모데전서 2장 9-10절은 공적예배에서 여성에게 주는 교훈으로 당시 사회 문화적 배경을 전제하고 있다.[109]

이런 점에서 디모데전서 2장 11-15절을 이해하기 위해서는 이 서신이 기록될 당시의 사회 문화의 형편을 고려할 필요가 있다. 많은 학자들이 디모데전서의 당시 형편에 대하여 기술하면서 그 내용이 소아시아 교회의 형편과 맞물려 있음을 인정한다. 디모데가 이 서신을 받았을 때 아마도 그는 에베소 교회에서 목회하고 있었을 것으로 추정할 수 있다._{참조. 딤전 1:3}

당시 에베소의 형편은 사회경제적인 면에서 교통과 무역

---

109) 디모데전서의 사회 문화적 배경으로 당시 로마 신여성 운동을 이 단락의 배경으로 제시한다. 자세한 내용은 B.W. Winter, *Roman Wives, Roman Widows: The Appearance of New Women and the Pauline Communities* (Grand Rapids: Eerdmans, 2003)을 참조하라.

이 활발한 도시이며 많은 사람들의 왕래가 있는 소아시아의 도시였다. 이런 점에서 그리스 문화와 로마 문화가 만나서 꽃피우는 도시이기도 하다. 종교 활동도 활발하여 이교도의 신전이 있었고, 이교에서 봉사하는 여성 사제도 존재했다.[110] 당시 사회 문화의 가치 속에서 여성은 남성에게 복종해야 하며, 여성이 남성을 지배하는 것은 악으로 규정하며 이상적이고 정숙한 여인상이 칭찬을 받았다. 당시 사회 관습과 규범에서 여성은 남편에게 종속되어 있으며 여성은 평생 한번만 결혼해야 하고 남편의 종교를 따르는 것을 이상적으로 생각했다.[111] 당시 "로마는 국가의 질서를 유지하기 위하여 가부장적 질서 유지 정책을 택하고 여성들에게 정숙 이데올로기를 강요하며, 여성의 자유를 제한하는 법률을 제정했다."[112] 당시 그리스 로마 사회 문화 속에서 여성에게 요구되는 것은 침묵과 정숙 이데올로기였던 것이다.

첫째, 본문에서 바울이 여성에게 "조용히 배우라"[11절], "오직 조용할지니라"[12절], "정숙"[15절]은 무엇을 의미하는가? 바울이

---

110) 마운스(W.D. Mounce), 채천석, 이덕신 역, 『목회서신』, (서울: 솔로몬, 2009), 78-82; 박익수, 『디모데전. 후서/ 디도서』(서울: 대한기독교서회, 1994), 44-49를 보라.

111) 피오렌자(E.S. Fiorenza), 『크리스찬 기원의 여성 신학적 재건』(서울: 종로서적, 1986), 301-307, 309-48; 최영실, 『신약성서의 여성들』, 244-62를 참조하라.

112) 최영실, 『신약성서의 여성들』, 248.

당시 그리스도인 여성에게 조용히 배우라는 것과 조용하라는 교훈은 새로운 것은 아니다. 이미 바울은 고린도전서 14장 33b−35절에서 공적 예배에서 남녀에게 모두 침묵할 때를 가르쳤다. 문제는 본문이 공적 예배 시간에 정숙을 요구한 것인가를 확인하는 것이다. 바울은 이미 고린도전서 11장 2−16절에서처럼 여성의 옷차림에 대해서 앞 구절인 디모데전서 2장 9−10절에서 "⁹또 이와 같이 여자들도 단정하게 옷을 입으며 소박함과 정절로써 자기를 단장하고 땋은 머리와 금이나 진주나 값진 옷으로 하지 말고 ¹⁰오직 선행으로 하기를 원하노라 이것이 하나님을 경외한다 하는 자들에게 마땅한 것이니라."라고 교훈하고 있다. 이런 점을 고려하면 바울이 여성에게 조용히 배우라고 교훈한 것은 그들의 일상생활이 아니라, 분명히 공적 예배의 상황을 생각하고 있는 것이 분명하다. 참조. 딤전 2:9−15 113

그렇다면 이런 교훈은 에베소의 여성에 대한 상황을 배경으로 하고 있는 것이 분명하다. 당시 여성들이 집집마다 돌아다니며 험담을 하고 어리석게 말하는 여성들이 있었다는 것을 짐작할 수 있다. 이 여자들은 정숙하지 못했다. 참조. 딤후 3:1−12 특히 디모데후서 3장 6−7절, "⁶그들 중에 남의 집에 가만히 들어가 어리석은 여자를 유인하는 자들이 있으니 그 여자는 죄를 중히

---

113) 박익수, 『디모데전. 후서/ 디도서』, 113을 보라.

지고 여러 가지 욕심에 끌린바 되어 [7]항상 배우나 끝내 진리의 지식에 이를 수 없느니라."는 이런 상황에 대하여 보다 직접적으로 언급한 것이다. 바울은 이와 같은 여성을 향하여 공적 예배에서 조용히 배우도록 교훈한 것으로 이해할 수 있다.[114] 조용히 배우라는 말은 순종적인 태도를 의미한다. 그리스도인 여성에게 이런 명령을 한 이유는 다른 사람들에게 비방거리가 되지 않게 하려는 의도와 가르침의 내용이 문제가 되는 경우 때문이다. 하지만 이런 교훈은 새로운 것은 아니다. 참조. 엡5:1-21; 골2:6-19

둘째, 바울이 12절에서 언급한 "여자의 가르치는 것과 남자를 주관하는 것"은 무엇을 의미하는가? 여기서 남성을 주관하는 것에서 "남자"는 일반 남성이 아니라 남편을 의미한다. 여성이 가르치는 것은 당시 여성 가운데 지도적인 역할을 했던 여인이 있었던 것 같다. 그리고 이 여성 가운데 자기 남편에게 권위를 부리는 여인이 있었던 것을 추측할 수 있다.[115] 이 여성은 이단에게 영향을 받아 가르치는 역할을 했던 것으로 보인다. 바울은 당시 여성이 쉽게 이단에게 속는 것을 언급한다. 참조. 딤후3:6-7; 딤전5:11-13, 15 또한 바울은 아담과 하와의 이야기에서 여성이

---

114) Mounce, 『목회서신』, 380-85를 참조하라. Winter는 이런 여성들이 로마의 신여성운동에 영향을 받은 상황으로 이해한다. Winter, *Roman Wives*, 1-74, 173-211; P.H. Towner, *The Letters to Timothy and Titus* (NICNT; Grand Rapids: Eerdmans, 2006), 190-97을 참조하라.

115) 박익수, 『디모데전. 후서/ 디도서』, 114를 보라.

가르치는 것을 금지하는 근거로 여자가 속았다는 것을 언급한다.14절 14절의 "속은 것"은 이단에게 속은 것을 의미할 수 있는데, 바울은 아담과 하와가 속은 것을 묘사하면서 서로 다른 두 단어를 사용한다. 즉, 아담에게는 '아파타오' ἀπατάω 동사의 수동태를, 하와에게는 '엑사파타오' ἐξαπατάω 동사의 수동태를 사용하지만 두 단어의 의미상 차이는 없다. 116 바울의 강조점은 "속은 것"에 초점이 있다.참조.딤후3:13

　　이런 점에서 바울이 여성의 가르치는 것을 금지하고 허락하지 않은 것은 이단에 속은 여성 지도자들이 거짓 교훈을 전하기 때문이라고 생각 할 수 있다.참조. 딤전4:1-5; 5:11-15; 딤후3:6-13 117 바울이 여성에게 가르치는 일을 금지시킨 것은 이단 문제와 거짓 교훈에 관한 문제와 깊이 관련이 있었을 것이다. 바울이 디모데전서를 시작하면서 처음부터 관심을 갖고 있는 주제는 거짓 가르침딤전1:3-7과 거짓 교사들딤전1:8-12 문제이다. 이런 점에서 바울이 말한 "여자의 가르치는 것"은 여성 지도자가 교회 안에서 이단에 속아 거짓 교훈에 대하여 가르치는 것을 의미할 수 있다. 바울이 금지한 것은 바로 이런 상황에서 여성이 가르치는 것을

---

116) '아파타오' (ἀπατάω) 동사는 엡 5:6와 약 1:26에 사용되었고, '엑사파타오' (ἐξαπατάω) 동사는 롬 7:11; 16:18; 고전 3:18; 고후 11:3; 살후 2:3에 등장한다.

117) Towner, *Letters to Timothy and Titus*, 197-98; I.H. Marshall, *The Pastoral Epistles* (ICC; Edinburgh: T&T Clark, 1999), 454-55를 보라.

금지시킨 것이다.

바울은 디모데의 어머니 유니게와 외조모 로이스가 디모데를 가르친 것을 알고 있다.딤후 1:5 더욱이 디도서 2장 3절은 "늙은 여자장로로는 이와 같이 행실이 거룩하며 모함하지 말며 많은 술의 종이 되지 아니하며 선한 것을 가르치는 자들이 되고"에서 여성의 가르치는 역할을 권면한다. 여성이 가르치는 일로 예언하는 경우는 사도행전 21장 9절 "그에게 딸 넷이 있으니 처녀로 예언하는 자라"와 고린도전서 11장 5절 "무릇 여자로서 머리에 쓴 것을 벗고 기도나 예언을 하는 자는 그 머리를 욕되게 하는 것이니 이는 머리를 민 것과 다름이 없음이라"에서 볼 수 있다. 그러므로 바울이 무조건 모든 여성이 가르치는 것을 금지시킨 것은 아니라고 결론지을 수 있다.118

바울은 자신의 명령과 함께 그 근거를 아담 창조 이야기창 2 장와 연결시킨다.13-14절 이와 비슷한 내용을 바울은 고린도전서 11장 8-9절에서 이미 언급했다. 디모데전서 2장 13-14절은 바울이 11-12절에 교훈한 내용의 근거로 사용되고 있다. 하지만 이 두 구절은 바울의 여성관이 당시의 남성중심의 가부장제도의 문화와 사회관습을 벗어나지 못하고 있는 모습으로 이해할

---

118) 12절의 해석과 관련하여 자세한 논의는 Mounce, 『목회서신』, 385-401을 참조하라.

수도 있다. 바울은 유대교의 전통적인 여성관을 근거로 여성이 가르치는 것과 남편에게 복종해야 할 것을 교훈하기 때문이다. 하지만 바울이 이렇게 교훈하는 배경에는 분명히 당시의 시대 상황을 반영한 것으로 교회 안에서 여성의 활발한 활동과 영역의 확대가 미칠 부정적 영향을 고려한 것으로 이해할 수 있다.

바울이 이 단락의 마지막 15절에서 "그러나 여자들이 만일 정숙함으로써 믿음과 사랑과 거룩함에 거하면 그의 해산함으로 구원을 얻으리라"라고 언급한 여성의 구원 문제는 문자적 해석 보다는 상징적이고 비유적으로 해석하는 것이 적절해 보인다.[119] 15절을 공동번역은 "그러나 여자가 자녀를 낳아 기르면서 믿음과 사랑과 순결로써 단정한 생활을 계속하면 구원을 받을 것입니다."라고 번역하는데, 매우 적절한 의미를 부여하고 있다.[120] 바울은 이미 디모데전서 2장 9–10절에서 가르친 것처럼 여성이 이방 여성처럼 사치와 방종에 빠져들지 말고 "믿음과 사랑과 거룩한 행실"로 선한 생활에 힘쓰라고 교훈한다.

---

119) 이 구절의 다양한 해석과 자세한 논의를 J.M. Holmes, *Text in a Whirlwind*: *A Critique of Four Exegetical Devices at 1 Timothy 2.9–15* (JSNTSS 196; Sheffield: Sheffield Academic Press, 2000); A.J. Köstenberger and T.R. Schreiner (eds), *Women in the Church*: *An Interpretation and Application of 1 Timothy 2:9–15* (Wheaton: Crossway, 2016)에서 참조하라.

120) 본문 해석과 관련된 다양한 해석에 대하여, Mashall, *Pastoral Epistles*, 467–73; Mounce, 『목회서신』, 419–27을 참조하라.

9또 이와 같이 여자들도 단정하게 옷을 입으며 소박함과 정절로써 자기를 단장하고 땋은 머리와 금이나 진주나 값진 옷으로 하지 말고 10오직 선행으로 하기를 원하노라 이것이 하나님을 경외한다 하는 자들에게 마땅한 것이니라. 딤전 2:9-10

그렇다면 15절을 여성이 아이를 낳으면 구원받는다는 문자적 해석을 수용하는 것은 적절하지 않다. 더욱이 아이를 낳을 수 없거나, 아이가 없는 여성은 구원을 받지 못한다는 것을 의미하는 것이 아니기 때문에 문자적인 해석은 받아들이기 어렵다.

요약하면, 이 단락은 바울이 그리스도인 여성들에게 당시 사회 문화의 관습처럼 정숙하고 조용하게 자기 남편에게 순종할 것을 가르치고 있다. 그 이유는 종교적 탄압과 사람들의 지탄을 피하고 안정된 그리스도인의 경건한 삶을 영위하기 위함이다. 더욱이 바울은 교회의 공적 예배에서 여성의 리더십을 금지시킨 것이 아니라, 당시 교회의 특별한 상황 속에서 이단의 가르침에 속아 그것을 가르치는 여성 지도자에 대하여 분명한 교훈과 지침을 주고 있다. 본문을 여성 리더십과 관련하여 여성 안수를 시행하는 일에 적용하는 것은 바울의 의도를 벗어난 것이라고 할 수 있다.[121]

---

121) 박익수, 『디모데전. 후서/ 디도서』, 115, 119-33을 참조하라.

지금까지 우리는 신약성서의 복음서와 바울 서신에서 여성을 어떻게 평가하고 있는지 살펴보았다. 결론적으로 우리는 미래의 한국교회를 위하여 다음과 같은 몇 가지 교훈을 고려할 수 있을 것이다.

첫째, 복음서의 기자들과 바울이 당시 여성을 어떻게 바라보고 그들과 관계를 맺었는지 본문을 다시 꼼꼼하게 살피고 확인하여 한국교회가 자기 옷처럼 편하게 걸치고 있는 남성중심의 가부장적인 한국 전통문화의 여성관을 진지하게 돌아보고 과감하게 벗어버릴 필요가 있다. 초기 그리스도교 안에서 여성의 사회적 역할과 상황은 매우 성차별적이었다. 이와 같은 상황이 초기 그리스도교 안에서만 발생했던 것은 아니며 당시 사회 전반에 걸쳐서 나타나는 현상이었다. 당시 지중해 사회 속에서 성차별에 따른 사회적 역할과 기능은 매우 자연스러운 현상이었다. 하지만 이런 성차별적인 사회 속에서도 복음서 기자들은 제한적이었지만 예수의 사역과 함께 여성을 긍정적으로 소개한다. 예수가 아이들과 여성들을 만나시고 그들과 함께 식사하시며, 더욱이 여성들이 부활 현장의 첫 목격자로, 부활의 예수를 목격한 증인으로 묘사되고 있는 것은 당시 사회의 가치관을 뒤흔든 혁명과도 같은 사건이 아닐 수 없다. 당시 여성이 법정증인의 역할을 할 수 없는 사회의 관습 속에서 부활의 증인으로 여성들을 세운 것은 가치관의 혁명 그 자체이다. 하지만 오늘날 우리 사회와 문화 및 종교 속에서 남녀차별의 의식은 화석화된 태고의 가치관으로 아직도 살아서 꿈틀거리며 세대를 거쳐서 조금도 변하지 않고 오늘에 이르고 있다.

둘째, 바울이 당시 여성차별적인 사회와 문화 속에서 부부관계를 언급할 때 부부의 동등성을 가르친 것은 그의 서신을 받은 모든 성도들을 놀라게 했을 것이다. 특히 당시 로마 그리스의 사회와 문화 속에서 부부의 성관계는 생물학적 번식의 도구로만 이해되어서 남자의 주도권만을 인정했다. 하지만 바울은 부부가 동등하게 성관계의 권리를 요구할 수 있도록 가르친다.^{참조.} ^{고전 7:1-16} 당시 관습은 부부관계 속에서 여자가 남편에게 복종하고 순종할 것을 가르쳤지만, 바울은 남자가 여자보다 더 큰 사랑과 순종을 해야 하며 그리스도의 자기희생적 모범을 남편이 마땅히 따라야 할 행동으로 요구했다. 아마도 당시 에베소 교회의 성도들은 바울의 이런 가르침에 또 다른 충격을 받았을 것이다.

더욱이 바울이 그리스도 안에서 남녀의 차별이 없이 모두 동등하다는 선언은 당시 사회를 뒤흔드는 혁명과도 같은 사상의 표현이다. 참조. 갈 3:26-29 이 바울의 선언을 이해한다면 여성차별이 극심한 한국 사회와 문화 및 종교 속에서 한국개신교는 무엇보다도 교회 안에 존재하는 남성과 여성의 차별을 없애고 성 평등한 교회가 되도록 최선의 노력을 다해야 할 것이다. 더욱이 교회 안에 만연되어 있는 여성차별의 문화는 여성 배제와 혐오로 이어지며, 결국 강간문화를 만들어 내기에 여성들이 성희롱과 성폭력에 시달릴 수밖에 없다. 이런 점에서 각 교단과 노회지방회 및 각 교회는 성희롱 및 성폭력 예방 교육을 정기적으로 실시하여 목회자와 성도가 성 평등한 교회문화를 이룩할 수 있도록 노력해야 한다.

셋째, 신약성서 본문은 여성 리더십, 다시 말해서 여성의 안수 문제를 직접 언급하고 있지 않다는 사실을 먼저 유념해야 한다. 한국교회가 성서 본문을 하나님의 말씀으로 믿고 따르기를 원한다면 확실하고 명시적인 언급이 없는 여성안수 문제를 가지고 불필요한 소모적 논쟁을 할 것이 아니다. 현재 우리의 상황을 정직하게 인식하고 여성 리더십에 관하여 한국교회의 미래를 바라보며 긍정적이며 미래지향적인 방향을 향하여 적극적으로 행동해야 할 것이다. 침묵하는 성서 본문을 근거로 불필요한 논쟁을 만들고, 남성중심의 가부장적인 사회제도와 문화 속에 의식화된 성차별적인 요구에 편승하거나 동조하고 침묵할 것이 아니다. 오히려 정직하게 오늘날의 사회 문화적 상황 속에서 한국교회의 여성 리더십이 가져다줄 긍정적인 영향과 유익들을 고려해야 한다.[122] 고린도전서 11장 2-16절, 14장 33b-35절, 그리고 디모데전서 2장 11-15절은 바울이 여성을 차별하여 교훈한 내용이 아니다. 이 본문들을 여성 안수와 관련하여 여성 리더십을 부정하는 본문으로 사용하는 것은 본문의 의미를 왜곡시키는 일이다. 그러므로 교회 안에서 신약성서의 이런 구절들을 근거로 여성 리더십을 부정하는 일을 속히 중단해야 할 것이다.

넷째, 교회의 여성 리더십이 성서의 가르침에 근거한 것이기보다는 우리 문화와 종교 및 사회와 역사 속에 뿌리박혀있는 성차별적인 사상에 근거한 것이라면 진지한 반성과 함께 개선의 노력을 해야 하며 행동으로 옮겨야 할 것이다. 여성 배제와 혐오 및 비하와 멸시는 우리 사회에 깊이 뿌리박혀 있는 쓴 뿌리 같아서 쉽게 없어지지 않고 있다. 이런 현상은 교회 안에서도 크게 다르지 않다. 한국의 남성중심의 가부장적인 사회 제도와 문

---

122) 러셀(R.M. Rusell), '여성과 성직: 문제인가 가능성인가', 이우정 편, 『여성들을 위한 신학』(서울: 한국신학연구소, 1985), 274-99를 참조하라.

화 속에서 모든 남성은 여성 배제와 혐오 및 비하와 멸시를 눈으로 보고 느끼며 교육받고 성장한다.[123] 물론 이런 현상은 우리나라의 문제만은 아니며, 거의 모든 나라 모든 사회에서 나타나는 문화 일반적인 성차별의 현상이다. 하지만 이런 여성 비하 및 멸시를 극복하려는 성차별 극복의 노력은 서구의 다른 나라와 비교할 때 매우 부진한 상태이다. 이런 노력의 일환으로 영국 성공회는 이미 오래 전에 여성 사제가 사역할 수 있게 되었다.[124] 한국개신교 안에서 여성 리더십을 인정하지 않는 교단들이 속히 여성에게 안수를 시행하고 그들이 교회 사역에 진력할 수 있도록 환경을 변화시켜 나가야 할 것이다.

다섯째, 신약성서 본문 주석을 통해서 살펴보았듯이 당시

---

123) 여성 비하 또는 멸시의 주제를 일본 사회 현상 속에서 다룬 다음의 책은 오늘날 한국 사회의 모습을 그대로 투영시켜 보여 주고 있는 듯하다. 우에노 치즈코, 나일동 역, 『여성 혐오를 혐오한다』 (서울: 은행나무, 2016)를 보라. 서구의 여성 비하 및 멸시라는 주제와 관련하여 Solnit, 『남자들은 자꾸 나를 가르치려 든다』를 참조하라. 한국 상황과 관련하여 윤보라 외 5인, 『여성 혐오가 어쨌다구?』 (서울: 현실문화연구, 2016); 박이은실, 『월경의 정치학』 (파주: 동녘, 2015); 조남주, 『82년생 김지영』 (서울: 민음사, 2016)을 참조하라.

124) 영국성공회에서 여성 사제의 문제는 1992년 11월 11일 런던 웨스트민스터 성당에서 신자와 성직자의 합동 총회(General Synod)에서 결정되었다. 그 후 절차를 거쳐서 실제 여성 사제가 배출되기 시작한 것은 2년 뒤인 1994년이다. 초기 여성은 부제 (deacons) 서품만 허용됐다. 부제는 세례와 결혼, 장례식은 집전할 수 있지만 성체배령과 성찬식 집전 권한은 없다. 그 후 세월이 흘러 2006년도에는 안수를 받은 여성 성직자가 213명, 남성은 210명으로 이미 여성 성직자의 수가 남성보다 늘어나기 시작했다. 한국 성공회에서 여성 사제가 탄생한 것은 2001년 부산교구에서 민병옥이 처음 여성 사제 서품을 받았다. https://ko.wikipedia.org/wiki/성공회 (2018.1.29. 접속)을 참조하라.

본문 형성의 배경에는 사회문화 및 역사적 정황이 실질적으로 본문 속에 짙게 깔려있다는 사실을 정직하게 이해할 필요가 있다. 당시 본문이 남성중심의 가부장 제도와 사회 질서 관념 속에서 여자들의 침묵과 복종을 강요한 것을 이해한다면 문자적 해석을 근거로 성차별적인 적용을 지속하려는 모험을 멈추어야 할 것이다.[125] 이와 같은 사회 문화의 영향 속에 기록된 성서 본문들을 해석할 때 현재 우리의 사회 문화 및 역사 속에서 본문을 어떻게 이해하고 현실 상황에 적용할지 진지하고 정직하게 고민해야 한다. 성서의 이데올로기적 해석을 배척해야 하지만, 본문 속에 깊게 스며든 당시 성차별적인 이데올로기의 영향을 올바로 인식하고 성서 본문을 이해하는 것 역시 해석자의 중요한 과제이기 때문이다.

바울이 비록 여성이 공적 예배 중에 기도나 예언을 할 것이면 그 머리를 가리고 기도하고 예언하라고 가르친 것은 당시 사회 문화적 관습과 관련된 것이지 여성 리더십을 배제하려는 의도가 있는 것이 아니라는 점을 분명히 인식해야 한다.고전11:2-16 바울의 교훈 속에서 여성이 교회의 공적 예배에서 침묵하라고 권고한 것은 여성에게만 주어진 명령이 아니라 남녀 모두에게

---

125) 류터(R.R. Ruether), '그리스도교는 여성혐오의 입장에 서 있는가', 이우정 편, 『여성들을 위한 신학』, 251-73을 참조하라.

동등하게 주어진 가르침이다.^{참조. 고전 14:33b-35} 바울이 디모데에게 편지하면서 여성은 남성에게 복종하라고 가르친 것은 성차별적인 의도를 전제한 것이 아니라, 당시 사회의 관습을 무시하여 믿지 않는 자들에게 업신여김을 받지 말라는 의도이며 여성의 정숙함을 가르친 것이다. 바울은 당시 교회의 특별한 상황 속에서 이단의 가르침에 속은 특정 여성 지도자들에게 교회 안에서 가르치는 것을 금지하도록 교훈한 것이다. 그러므로 특정한 여성 지도자들에게 적용한 것을 일반화시켜서 모든 여성 지도자들에게 적용시키는 것은 바울의 의도라고 이해할 수 없다.^{참조.}

딤전 2:11-15

나가는 말

지금까지 신약성서의 여성관이 무엇인지 복음서와 바울 서신을 중심으로 살펴보았다. 복음서의 저자들은 당시 여성에 대하여 매우 긍정적으로 묘사하고 있다. 복음서 저자들은 예수의 수난 사화 및 부활을 묘사하면서 여성들을 예수 부활의 첫 증인으로 묘사하고 소개한다.

마태복음의 저자는 예수의 족보를 기술하며 여성들을 족보에 포함시켰다. 이 여성들은 대부분 성적인 죄와 관련이 있는 여성들이며 이방인도 포함되어 있다. 이것은 당시 유대사회에서 있을 수 없는 매우 특이한 일이다. 마태복음의 저자는 빌라도의 아내를 통하여 여성의 정치참여를 암시하며 긍정적으로 소개한다. 예수 당시 여성의 정치 참여란 거의 불가능한 사회 현실 속에서 매우 특이한 일이다.

마가복음의 저자는 여성을 남성과 비교하며 높이 평가한다. 특히 마가복음의 저자가 이혼 문제를 다룰 때 매우 특별한 입장을 보여준 것이 독특하다. 그것은 여성이 이혼을 요구할 수 없는 당시 사회문화 속에서 아내가 남편을 버릴 수 있는 권한을 소개한 것이다. 마가복음 10장 12절에서 저자는 "또 아내가 남편을 버리고 다른 데로 시집 가면 간음을 행함이니라"라고 기술한다. 이 구절은 분명히 여성이 남편을 버릴 수 있는 권한 즉, 여성의 이혼 권리를 기술한 것으로 매우 의미가 있다.

누가복음은 예수의 가르침 속에 여성이 다른 복음서보다 가장 많이 등장한다. 누가복음 저자는 예수가 여성들을 만나주시고 병을 치료해 주신 것을 소개하면서 당시 여성에 대한 예수의 관점을 소개한다. 누가복음의 예수는 여성도 남성과 동등하게 하나님께서 사랑하시는 인간임을 교훈한다. 또한 누가복음 저자는 여성들에게 예수 부활에 대한 증인 역할을 부여한다. 당시 남성들이 여성의 증언을 믿지 않는 상황이지만 누가복음 저자는 여성을 증인으로 세운다.

요한복음에서 여성에 대한 기술의 독특한 점은 사마리아 여인에 대한 기록이다. 요한복음 저자는 사마리아 여인을 묘사하면서 경건한 사마리아 종교인으로 소개하며, 그 여인의 관심이 예배와 예배장소인 것을 확인시켜준다. 예수는 사마리아 여인을 칭찬하고 그 여인에게 친절하게 하나님의 선물과 자신에 대하여 소개한다. 당시 사회 속에서 예수는 여성을 한 인간으로 정당하게 대우하고 있다. 요한복음 저자가 대제사장의 집 문지기 여종을 묘사한 것은 다른 복음서에서 찾아볼 수 없는 매우 특별한 경우이다.

바울은 시대의 상황을 거슬러서 혁명적 사고를 갖고 있었지만 당시 남성중심의 가부장제도의 사회 문화 및 종교의 상황을 변화시키려는 제도의 혁명을 시도하지 않았다. 바울의 의도는 당시 기존의 사회 조직이나 위계질서를 전복하는 것이 그의 목표가 아니었기 때문이다. 바울은 그리스도 안에서 거듭난 그리스도인의 정체성을 당시 성도들에게 인식시키면서 세례를 받고 그리스도인이 된 모든 사람은 종족의 차별이나, 신분의 차별, 더욱이 남녀의 차별이 없이 모두 동등함을 선언한다.^{갈 3:26-28} 바울의 인식에서 남녀의 동등성은 그가 갖고 있는 기본 사상이다. 더욱이 바울은 남녀의 동등성 뿐 아니라 상호존중의 원칙도 가르친다. 특히 바울이 부부의 성문제를 다루면서 남녀 동등성과 상호존중을 가르치며, 여성의 복종만 요구하는 것이 아니라 남자도 동등하며 오히려 여자보다 더욱 강도가 높은 복종을 요구한다.^{고전 7:1-7; 엡 5:22-33}

디모데에게 편지하면서 바울은 남성뿐 아니라 여성도 집사로 안수하여 사역하도록 집사의 자격을 가르친다.^{딤전 3:8-11} 바울은 교회 안에서 남성과 여성이 동등하게 집사의 직분을 갖고 사역할 수 있도록 가르친 것이다. 당시 여성 사역자들에 대하여 로마서 16장 1-2절에서 겐그레아 교회의 여성 지도자 뵈뵈를 소개한다. 또한 브리스가의 경우도 남편보다 더 유명한 교회의 책임 있는 여성 지도자인 것을 암시한다. 유니아는 초대교회 최초의 여성사도로 바울과 함께 사역한 것을 알 수 있다.^{롬 16:7}

바울은 여성을 당시의 사회 제도 안에 묶어 두려고 여성에게 교회의 공적 예배에서 기도와 예언을 할 때 머리를 가리라고 성차별적인 명령을 한 것이 아니다.^{고전 11:2-16} 오히려 당시 사회의 관습과 제도 속에서 여성을 보호하려는 의도가 있었고, 그리스도인의 평판을 의식하여 관습을 따르라고 권고한 것이다. 교회 안에서 여성에게 침묵할 것을 명령한 것도 성차별적인 명령이 아니다. 그 이유는 바울은 동일한 문맥에서 공적 예배에서 남성에게도 침묵을 명령하고 있기 때문이다. 바울은 교회의 예배가 질서 있고 덕을 세우기 위하여 남녀 모두에게 교회 안에서 침묵하는 법을 가르친 것이다.^{고전 14:33b-35}

마지막으로 바울은 그리스도인이 사회의 비방을 받지 않도록 성도들 모두에게 교훈하면서 특히 당시 여성들의 행동에 대하여 자제할 것을 요구한다. 그 이유는 당시 로마의 지배 속에서 그리스도인이 문화와 관습 속에서 평안한 삶을 살기 위하여 그리스도인의 행동을 규제한 것이다. 바울은 그리스도인일지라도 다른 사람들에게 이상하게 보이지 않도록 하려고 당시 사회 문화의 제도와 관습을 따르도록 요구한 것이다. 당시 여자는 남자에게 순종해야 하며 특히 남편이 있는 아내는 남편을 가르치거나 지배하고 주장하는 일을 하지 않도록 가르친 것이다.^{딤전 2:11-15} 바울은 그리스도인 여성으로 말미암아 교회 공동체가 피해를 당하지 않기 위하여 공적 예배에서 침묵과 남편에게 복종할 것을 가르친 것이다. 이런 점에서 바울이 여성 리더십을 부정하거나 여성을 차별한 것이 아니라, 여성과 남성 모두를 보호하기 위한 최선의 수단을 제기한 것이다.

요약하면 바울은 여성을 남성과 동등하게 대우했으며, 서로가 존중하도록 교훈한 것을 알 수 있다. 본문을 여성 안수 문제와 연결시켜서 여성 리더십을 부정하는 일은 본문을 오해한 결과일 뿐이다. 이런 점에서 한국개신교 안에서 여성 리더십에 대한 부정적인 편견은 성서의 구절들에 근거한 것이기 보다 이미 한국사회의 제도와 전통문화 및 종교 속에서 길들여진 남성 중심의 가부장제도의 사상과 관습에 깊이 영향을 받은 결과라고 이해할 수밖에 없다.

ABD   Freedman, D.N.(ed.), *The Anchor Bible Dictionary*. 6 vols. New York: Doubleday, 1992.

BDAG   Bauer, W., et al. (eds.). A Greek–English Lexicon of the New Testament and Other Early Christian Literature. Chicago: Chicago University Press, 3rd edn, 2000.

BECNT   Baker Exegetical Commentary on the New Testament ICC International Critical Commentary

JSNT   *Journal for the Study of the New Testament*

JSNTSS Journal for the Study of the New Testament Supplement Series

NAB   New American Bible

NIGTC   New International Greek Testament Commentary

NJB   New Jerusalem Bible

NRSV   New Revised Standard Version

NTS   *New Testament Studies*

PNTC   Pillar New Testament Commentary

REB   Revised English Bible

TOTC   Tyndale Old Testament Commentary

WBC   Word Biblical Commentary

참고문헌

한글문헌

권연경, 『갈라디아서 어떻게 읽을 것인가』, 서울: 성서유니온선교회, 2013.

김동수, 『로마서 주석』, 대전: 엘도론, 2013.

김득중, 『주요 주제를 통해서본 복음서들의 신학』, 서울: 한들출판사, 2006.

김세윤, 『그리스도가 구속한 여성』, 서울: 두란노서원, 2016.

김창락, 『갈라디아서』, 서울: 대한기독교서회, 1999.

박이은실, 『월경의 정치학』, 파주: 동녘, 2015.

박익수, 『디모데전. 후서/ 디도서』, 서울: 대한기독교서회, 1994.

박종운 외4인, 『전병욱 다시읽기』, 서울: 뉴스앤조이, 2012.

양혜원, 『교회 언니, 여성을 말하다』, 서울: 포이에마, 2012.

유연희, 『이브에서 에스더까지: 성서 속 그녀들』, 서울: 삼인, 2014.

윤보라 외5인, 『여성 혐오가 어쨌다구?』, 서울: 현실문화연구, 2016.

이우정 편, 『여성들을 위한 신학』, 서울: 한국신학연구소, 1985.

정희진, 『페미니즘의 도전: 한국 사회 일상의 성정치학』, 서울: 교양인, 개정증
    보판, 2013.

조남주, 『82년생 김지영』 서울: 민음사, 2016.

조석민, 『요한복음의 새관점』, 서울: 솔로몬, 개정증보판, 2015.

최갑종, 『갈라디아서』, 일산: 이레서원, 2016.

최영실, 『신약성서의 여성들』, 서울: 동연, 2012.

번역문헌

거쓰리(D. Guthrie), 김병국, 정광욱 역, 『신약서론』, 고양: 크리스챤다이제스트, 1996.

다우첸베르크(G. Dautzenberg), '바울의 개신교들 내에서 여성들이 차지한 위치', Dautzenberg, 『원시 그리스도교의 여성』, 231-84.

다우첸베르크(G. Dautzenberg) 외 2인 편집, 윤선아 역, 『원시 그리스도교의 여성』, 왜관: 분도출판사, 1992.

도나휴(J.R. Donahue), 해링턴(D.J. Harrington), 조장윤 역, 『마르코복음서』, 세종: 대전가톨릭대학교출판부, 2017.

라이트(N.T. Wright), 『로마서』, 평택: 에클레시아북스, 2014.

러셀(R.M. Rusell), '여성과 성직: 문제인가 가능성인가', 이우정 편, 『여성들을 위한 신학』, 서울: 한국신학연구소, 1985, 274-99.

로핑크(G. Lohfink), '신약성서 내의 여성 부제(Diakon)', Dautzenberg, 『원시 그리스도교의 여성』, 335-57.

롱기네커(R.N. Longenecker), 이덕신 역, 『갈라디아서』, WBC 41, 서울: 솔로몬, 2003.

류터(R.R. Ruether), '그리스도교는 여성혐오의 입장에 서 있는가', 이우정 편, 『여성들을 위한 신학』, 251-73.

리베카 솔닛(Rebecca Solnit), 김명남 역, 『남자들은 자꾸 나를 가르치려 든다』, 파주: 창비, 2015.

리트(H. Ritt), '여자들과 부활 소식: 네 복음서의 무덤사화들에 대한 비교(마르 16,1-8; 마태 27,62-28,15; 루가 24,1-12; 요한 20,1-18)', G. Dautzenberg, 외 2인 편집, 『원시 그리스도교의 여성』, 149-69.

마샬(I.H. Marshall), 번역실, 『루가복음(1)』, 서울: 한국신학연구소, 1983.

마샬(I.H. Marshall), 외 2인, 박대영 역, 『서신서와 요한계시록』, 서울: 성서유니온선교회, 2007.

마운스(W.D. Mounce), 채천석, 이덕신 역, 『목회서신』, WBC 46, 서울: 솔로몬, 2009.

메클레인(Merklein, M.), "'남자는 여자와 관계를 맺지 않는 것이 좋다': 1 고린
    토 7장의 성관과 바울로', Dautzenberg, 『원시 그리스도교의 여성』, 285-
    322.

메츠거(B.M. Metzger), 장동수 역, 『신약 그리스어 본문 주석 2판』, 서울: 대한
    성서공회 성경원문연구소, 2005.

바레트(C.K. Barrett), 번역실 역, 『요한복음 (I), (II)』, 2 vols. 서울: 한국신학연
    구소, 1984.

바톤(B.B. Barton) et al., 전광규 역, 『요한복음』, 서울: 성서유니온선교회,
    2005.

베일리(K.E. Bailey), 김귀탁 역, 『지중해의 눈으로 본 바울』, 서울: 새물결플러
    스, 2017.

벨(A.A. Bell, Jr.), 오광만 역, 『신약 시대의 사회와 문화』, 서울: 생명의 말씀
    사, 2014.

벳츠(H.D. Betz), 번역실 역, 『갈라디아서』, 서울: 한국신학연구소, 1987.

부쉬(F.W. Bush), 정일오 역, 『룻기 에스더』, 서울: 솔로몬, 2006.

브라운(R.E. Brown), 최홍진 역, 『요한복음 I, II』, 2 vols; 서울: 기독교문서선
    교회, 2013.

블랑크(J. Blank), '예수 전승에 등장하는 여성들', 다우첸베르크(G. Dautzen-
    berg) 외 2인 편집, 윤선아 역, 『원시 그리스도교의 여성』, 왜관: 분도출판
    사, 1992, 9-116.

슈라이너(Schreiner, T.R.), 배용덕 역, 『로마서』, 서울: 부흥과개혁사. 2012.

슈테게만(E.W. Stegemann & W. Stegemann), 손성현, 김판임 역, 『초기 그리스
    도교의 사회사: 고대 지중해 세계의 유대교와 그리스도교』, 서울: 동연,
    2012.

아라이 사사구, 김윤옥 역, 『신약성서의 여성관』, 서울: 대한기독교서회, 1993.

우에노 치즈코, 나일동 역, 『여성 혐오를 혐오한다』, 서울: 은행나무, 2016.

예레미아스(J. Jeremias), 번역실 역, 『예수 시대의 예루살렘: 신약성서시대의 사
    회경제사연구』, 서울: 한국신학연구소, 1992.

카르코피노(J. Carcopino), 류재화 역, 『고대 로마의 일상생활: 제국 전성기』, 서울: 우물이 있는 집, 2003.

킹(P.J. King), 스태거(L.E. Stager), 임미영 역, 나이트(D.A. Knight) 편집, 『고대 이스라엘 문화』, 서울: 기독교문서선교회, 2014.

크루즈(C.G. Kruse), 배용덕 역, 『요한복음』, 서울: 기독교문서선교회, 2013.

티슬턴(A.C. Thiselton), 권연경 역, 『고린도전서』, 서울: SFC, 2011.

플라실리에르(R. Flaceli re), 심현정 역, 『고대 그리스의 일상생활: 페리클레스 시대』, 서울: 우물이 있는 집, 2004.

피오렌자(E.S. Fiorenza), 김애영 역, 『크리스챤 기원의 여성 신학적 재건』, 서울: 종로서적, 1986.

헤이즈(R.B. Hays), 유승원 역, 『고린도전서』, 서울: 한국장로교출판사, 2006.

외국문헌

Allison, R.W., "Let the Women Be Silent in the Churches" (1 Cor 14:33b−36): What Did Paul Really Say, and What Did It Mean?', *JSNT* 32 (1988), 27−60.

Barton, S.C., 'Paul's Sense of Place: An Anthropological Approach to Community Formation in Corinth', *NTS 32* (1986), 225−46.

Ciampa, R.C. and B.S. Rosner, *The First Letter to the Corinthians*. PNTC; Grand Rapids: Eerdmans, 2010.

Christensen, D.L., *Deuteronomy 21:10-34:12*. WBC 6B, Nashville: Thomas Nelson, 2002.

Collins, R.F., *First Corinthians*. Sacra Pagina 7, Collegeville: Liturgical Press, 1999.

Epp, E.J., *Junia: The First Woman Apostle*. Minneapolis: Fortress Press, 2005.

Fee, G.D., *The First Epistle to the Corinthians*. NICNT, Grand Rapids: Eerdmans, rev. edn, 2014.

Holmes, J.M., *Text in a Whirlwind: A Critique of Four Exegetical Devices at 1 Timo-*

thy 2.9-15. JSNTSS 196, Sheffield: Sheffield Academic Press, 2000.

Huffman, D.S., 'Genealogy', in J.B. Green, et al. (eds), *Dictionary of Jesus and the Gospel*. Downers Grove: InterVarsity Press, 1992, 253-59.

Knight III, G.W., *The Pastoral Epistles: A Commentary on the Greek Text*. NIGTC, Carlisle: Paternoster Press, 1992.

Köstenberger, A.J. and T.R. Schreiner (eds), *Women in the Church: An Interpretation and Application of 1 Timothy 2:9-15*. Wheaton: Crossway, 2016.

Lampe, P., 'Prisca', *ABD*, V. 467-68.

-- , 'Junias', *ABD*, III. 1127.

Luther, M., *Lectures on Romans*. Luther's Works 25. H.C. Oswald (ed), St. Louis: Concordia, 1972.

Marshall, I.H. *The Pastoral Epistles*. ICC, Edinburgh: T&T Clark, 1999.

Miller, J.E., 'Some Observations on the Text-Critical Function of the Umlauts in Vaticanus, with Special Attention to 1 Corinthians 14.34', *JSNT* 26 (2003), 217-36.

Niccum, C., 'The Voice of the Manuscripts on the Silence of Women: The External Evidence for 1 Cor. 14:34-5', *NTS* 43 (1997), 242-55.

Payne, P.B., 'Fuldensis, Sigla for Variants in Vaticanus, and 1 Cor. 14.34-5', *NTS* 41 (1995), 240-62.

-- , 'Ms. 88 as Evidence for a Text without 1 Cor 14.34-5' *NTS* 44 (1998), 152-58.

Thiselton, A.C., *The First Epistle to the Corinthians; A Commentary on the Greek Text*. NIGTC, Carlisle: Paternoster Press, 2000.

Thompson, J.A., *Deuteronomy: An Introduction and Commentary*. TOTC, Leicester: Inter-Varsity Press, 1974.

Towner, P.H., *The Letters to Timothy and Titus*. NICNT, Grand Rapids: Eerdmans, 2006.

Winter, B.W., *Roman Wives, Roman Widows: The Appearance of New Women and the Pauline Communities*. Grand Rapids: Eerdmans, 2003.

Wire, A.C., *The Corinthian Women Prophets*. Minneapolis: Fortress Press, 1990.

Witherington III, B., *Conflict and Community in Corinth: A Socio-Rhetorical Commentary on 1 and 2 Corinthians*. Grand Rapids: Eerdmans, 1995.